대답도 제대로 못 하면서

BUSINESS ANSWER METHOD

대답도 제대로 못 하면서

비즈니스 대답법

조관일 지음

나무옆의자

'대답'이 답이다

요즘 질문법이 대세다. 갑자기(?) 질문법에 관한 책들이 많이 쏟아져 나오고 있다. 한때는 '소통'을 엄청 부르짖더니 갑자기 질문법? 그렇다. 상사가 소통을 하려고 해도 '을'의 지위에 있는 사원들이 입을 굳게 다무니 어쩌겠는가. 그래서 다그치기보다는 질문을 던짐으로써 자연스럽게 상대의 입을 열게 해야 한다는 거다. 이를테면 질문 소통이요, 질문 리더십이다.

사원 교육도 마찬가지다. 강사가 일방적으로 '썰'을 펼 것이 아니라 질문을 통하여 피교육자를 동참시키고 그들의 사고를 확대하자는 뜻에서 질문법이 교수법으로 확산되고 있다.

회사에서만 그런 게 아니다. 개인의 삶에 있어서도 질문법이 강조된다. 세상이 혼잡하고 삶의 가치와 기준이 헷갈리다 보니 '나는 누구인가?' '어떻게 살 것인가?'라는 질문을 자신에게 던져보라고 한다. 답을 찾을 때까지 끊임없이 질문을 던지다 보면 그 과정에서 자신의 정체성과 삶의 목표가 자연스럽게 부각된다는 것이다.

● 질문법이 강조된 근거

질문법을 강조하는 근거는 2가지로 집약된다. 유대인의 '하브루타(havruta)'와 소크라테스의 '대화법'이 그것이다.

하브루타는 히브리어로 '친구' 또는 '짝'을 의미하는데, 말 그대로 서로 짝을 이루어 질문을 주고받으며 논쟁을 통해 진리를 찾아가는 유대인의 전통적인 토론식 교육 방법이다. 유대교 경전인 《탈무드》를 공부할 때 이 방법이 사용되는데 핵심은 질문이다.

이것이 단순한 질문법을 넘어 세계적인 학습법으로 등장하고, 이스라엘을 넘어 우리에게까지 권고되는 것은 이스라엘 사람들이 보여준 혁혁한(?) 성과 때문이다. 그것은 다름 아니라, 어찌하여 그렇게 노벨상 수상자를 많이 배출했냐는 질문에 대한 대답에서 비롯된다.

전 세계 인구의 0.2퍼센트에 불과한 1,500만 명의 인구, 국토 면적은 남한의 5분의 1 정도, 평균 지능지수(IQ)는 94(세계 45위 수준)로 우리나라 사람보다 낮은데도 어떤 이유로 노벨상 수상자의

30퍼센트를 그들이 차지했느냐는 것이다. 그뿐이 아니다. 전체 아이비리그 학생의 23퍼센트, 세계 유수 대학 교수진의 30퍼센트, 그리고 미국 억만장자의 40퍼센트가 유대인이라는 통계도 유대인의 교육법에 대한 궁금증을 증폭시킨다.

그 궁금증에 대한 해답의 하나로 꼽힌 것이 바로 하브루타, 즉 질문에 있다고 한다. 어렸을 적부터 질문을 통하여 아이의 호기심을 불러일으키고 끊임없이 생각하게 하였기 때문에 창의성이 뛰어나게 되었다는 이야기다. 항상 "왜?"라는 말을 입에 달고 살았기에 언어 표현력과 사고력이 발달되었다는 것이다. 그럼으로써 위에 열거한 것과 같은 혁혁한 성과를 나타내고 있다는 주장이다.

다음은 소크라테스로 넘어가보자. 그는 평생 동안 글을 쓰지 않았다는 말이 있을 정도로 '손'이 아니라 '입'으로 학문적 성과를 이루어낸 사람이다. 그것이 소위 소크라테스 대화법이다. 소크라테스 대화법이란 상대에게 답을 가르쳐주는 것이 아니라 상대로 하여금 답을 찾도록 계속하여 질문을 하는 것이다.

그렇다고 사람을 코너로 몰아 곤욕을 치르게 하려고 질문을 하는 것은 아니다. 대화의 참여자(또는 제자)에게 용기를 불어넣으며 스스로 문제를 풀 수 있도록 유도하는 데 질문을 활용한다. 질문에 대한 대답을 하다 보면 자연스럽게 문제가 풀린다는 것이다.

계속된 질문에 말문이 막혀 "모르겠다"고 답한 청년에게 소크라테스는 "자네는 그래도 낫네. 모른다는 것을 알고 있지 않은가?"라고 격려했단다. 그래서 "너 자신을 알라"고 했을 것이다.

● 대답법은 이렇게 개발되었다

오늘날 여러 사람이 강조하는 질문법은 위의 두 가지를 바탕으로 한다. 질문법이야말로 사람을 가르치는 것에서부터 진리를 찾는 것에 이르기까지 매우 유용한 수단이라고 주장한다. 마치 엄청난 원리를 발견한 것처럼 열변을 토한다.

맞다. 질문의 중요성에 동의한다. 질문은 상대의 말문을 열고 머리를 열며 마음을 열게 한다. 그래서 창의력이 개발되고 소통이 되며 때로는 자기의 '실체'를 파악하고 삶의 새로운 지평을 여는 놀라운 효과를 낳는다.

그런데 이거 생각해보셨는가? 앞에서 열거한 질문의 효과는 질문 그 자체에서 비롯되는가, 아니면 대답에 의해서 나오는 것인가? 질문이 '시작'인 것은 맞지만 '결말'은 두말할 것도 없이 '대답'에 의하여 완성된다. 예컨대, 질문이 창의성을 이끌어내는 낚싯바늘의 역할은 하지만 창의성 자체는 대답에 의하여 완성된다는 말이다. 아무리 기막힌 질문을 하더라도 대답자가 입을 닫거나 엉뚱한 대답을 한다면 결과는 '맹탕'이다.

대답도 제대로 못 하면서

이 간단한 논리와 결말을 우리는 '깜빡'하고 있었던 것은 아닐까? 질문법이 유익하다니까 그런가 보다며 별다른 의문을 갖지 않고 '질문'에 몰입하며 여기까지 온 것 같다. 나 역시 예외가 아니었다. "남이 장에 간다고 하니 거름 지고 나선다"는 속담처럼 깊은 생각이 없이 질문법에 관심을 갖고 나름의 연구를 진행해왔다.

그러던 어느 날(2018년 6월 초), 나는 〈SERICEO〉의 송주연 PD로부터 전화를 받고 자리를 함께했다. 그때 초면인 그녀가 내게 제안한 것이 대답법의 개발이다. 중견 간부들을 위한 대답법을 온라인 교육용 동영상으로 제작하는 데 참여해달라는 것이다.

"뜬금없이 웬 대답법이오?"

그것이 나의 첫 반응이자 질문이었고 "하고많은 사람 중에 왜 나같이 늙은 꼰대에게 오셨소?"가 두 번째 질문이었다. '늙은 꼰대'라는 말이 솔직하다고 생각됐는지 그가 웃으며 말했다.

"질문법에 대해서는 많은 주장이 있고 교육 프로그램으로도 개발이 잘 되어 있는데 막상 대답법에 대해서는 아무도 개발한 사람이 없습니다. 생각해보세요. 직장인들이 상사와 대화를 나눌 때 중요한 것은 질문이 아니라 대답이잖아요."

그의 대답을 듣는 순간 나는 눈이 확 밝아지고 머리의 뚜껑이 열리는 것을 느꼈다(뚜껑이 열린다는 것은 '화가 난다'는 의미로 사용하는데, 여기서는 당연히 그런 뜻이 아니다). 신천지를 발견한 것 같은 깨우침의 순간이었다.

나는 즉석에서 대답법 개발에 흔쾌히 동의했다. 더구나 "아무도 개발한 사람이 없다"는 말이 나의 호기심과 열정을 자극했다. 이왕 고생할 바에는 새로운 길을 개척하는 것이 훨씬 가치 있고 멋지니까 말이다. 이 대답법 개발의 근원은 그녀인 셈이다. 수천만 한국인 중에 나를 선택해주신 데 깊이 감사한다.

대답법을 개발하게 된 그와의 대화에서도 알 수 있듯이 내가 던진 질문보다 훨씬 중요하고 결정적이었던 것은 역시 그의 대답이었다. 이 비즈니스 대답법은 그렇게 개발됐다.

● 이것이 최초의 비즈니스 대답법

대답법에 관해 그가 참고하라며 알려준 것이라고는《어려운 질문 애매한 질문 중요한 질문, 어떻게 대답해야 좋을까》(윌리엄 반스-간다 후사에 지음, 백운숙 옮김, 빈티지하우스, 2018)라는 엄청 긴 제목의 책(원서의 제목도 꽤 길다《答え方が人生を變える あらゆる成功を決めるのは「質問力」より「應答力」/ウィリアム.A.ヴァンス》)이 유일했다. 그러나 그것이 좋은 책임에도 불구하고 우리의 문화, 특히 기업의 풍토와 조금은 겉돌 수밖에 없었고, 또한 비즈니스 대답법에

대답도 제대로 못 하면서

국한된 것도 아니었다. 그럼에도 그 책이 비즈니스 대답법을 개발하는 데 영감과 아이디어를 준 것은 분명하다. 저자들에게 감사드린다.

흥미로운 사실은, 간다 후사에 씨가 2017년에 대답법에 관한 책을 쓰게 된 동기가 영어나 일본어로 출간된 대답법에 관한 책을 발견하지 못했기 때문이라는 점이다. 우리나라와 마찬가지로 수험생을 위한 면접용 대답법에 관한 책은 있었지만 질문법에 대응하는 대답법에 관한 책은 없었다는 것이다. 그래서 '전 세계적으로 활용할 수 있는 대답 기술이 존재할까?'라는 질문을 스스로에게 던지며 그에 대한 대답으로 집필한 것이 바로 그 책이라고 그는 에필로그에서 밝혔다. 그러니까 그 책이 세계 최초의 대답법에 관한 책일 것이라는 이야기다.

그렇다면, 나의 이 책은 대답법으로는 우리나라 최초의 것이요, '비즈니스 대답법'으로 범위를 좁히면 더욱더 그럴 것이라는 결론에 이르게 된다. '최초'라면 큰 보람이다. 그것은 정보력의 부족에서 오는 착각일 수도 있지만 그런 '긍정적 착각(?)'으로 인하여 작업을 서두를 수 있었고, 자료 탐색과 논리 개발 등 집필의 고통을 극복하는 데 큰 힘이 되었다.

이 책은 '비즈니스 대답법'에 관한 것이다. 상사와 부하의 관계, 그리고 거래처와의 협상, 고객과의 사이에서 발생하는 질문에 어떻게 대답할 것인지를 다루었다. 원고를 쓰는 동안, 질문법에 함몰되어 세상만사가 질문으로 해결될 것처럼 몰아가는 우를 답습하지 않도록 대답법만이 문제 해결의 모든 것인 양 몰아치지 않고 균형과 냉정함을 유지하려 노력했다. 결국은 질문과 대답이 적절히 조화를 이룰 때 완벽한 소통이 되고 문제 해결의 완성도도 높아질 것이기 때문이다.

아무쪼록 이 책을 통하여 직장인들이 비즈니스 세계에서 발생하는 질문에 적절하고도 효과적인 대답을 할 수 있기를 바란다. 그럼으로써 문제를 원만히 해결하는 것을 넘어 능력 있는 사람으로 돋보이는 것은 물론 큰 성과를 이루어냄으로써 앞날의 발전에도 도움이 되기를 기대한다.

대답이 답이다.

2019년 11월

조관일

시작은 질문,
완성은 대답

우리의 사회생활은 질문으로 시작된다. 학교를 졸업하고 사회에 첫발을 내딛기 위해 취업의 문을 두드릴 때 가장 먼저 맞닥뜨리는 것이 질문이다.

"왜 우리 회사에 지원했습니까?"

아마도 이것이 첫 질문일 것이다. 그리고 계속 이어지는 질문에 귀 기울여야 한다.

"어떤 좌우명을 갖고 있습니까?"

"당신에게 있어서 일이란 무엇인가요?"

"당신의 장점과 단점은 무엇입니까?"

"지금까지 살아오면서 가장 큰 시련은 무엇이었으며 그것을 어떻게 극복했습니까?"

심지어 "질문하고 싶은 것은 없나요?"라는 질문에 이르기까지….

어쩌면 이것이 우리가 인생에서 맞닥뜨리는 최초의 비즈니스 질문일지 모른다. 이름하여 취업 면접 질문이다. 그 질문들에 어떻게 대답하느냐에 따라 우리의 운명이 달라진다. 이쯤에서 나도 당신에게 질문 하나를 던지겠다. 위와 같은 상황에서 질문이 중요한가, 대답이 중요한가? 두말할 필요도 없다. 질문은 대답에 비하면 아무것도 아니다. 사회의 첫 관문을 열게 하는 열쇠는 질문이 아니라 대답이다. 어떤 질문을 받느냐에 따라 대답을 잘할 수도 있고 말문이 막힐 수도 있으니 질문이야말로 운명을 바꾼다고 강변할 수도 있지만, 결국은 대답에 따라 운명이 달라진다. 대답이 능력이요, 실력이니까.

이치가 이렇게 분명한데도 지금껏 질문을 연구한 사람은 많아도 대답을 연구한 이는 거의 없다. 이상하지 않은가?

● 질문을 가치 있게 만드는 대답

미국의 동기부여 강사이며 커뮤니케이션 컨설턴트인 도로시 리즈(Dorothy Leeds)는 《질문의 7가지 힘》(노혜숙 옮김, 더난출판사,

2016)에서 질문의 힘을 이렇게 제시했다.

(1) 질문을 하면 답이 나온다.

(2) 질문은 생각을 자극한다.

(3) 질문은 정보를 얻을 수 있다.

(4) 질문으로 대답을 통제할 수 있다.

(5) 질문은 마음을 열게 하는 효과가 있다.

(6) 질문은 귀를 기울이게 한다.

(7) 질문에 답하면서 문제가 자연스럽게 해결된다.

도로시 리즈뿐이겠는가. 그 밖에도 많은 사람이 질문의 효과와 힘을 강조한다. 그때마다 동원되는 단골 메뉴가 프롤로그에서 언급한 유대인의 하브루타와 소크라테스의 대화법이다.

질문에 심취(?)한 사람들은 모든 것을 질문과 연결한다. "질문은 말하는 이의 지식의 깊이와 수준, 높은 인지능력을 나타낸다"라며 개인의 능력과 연결 짓는가 하면, "사람을 움직이려면 질문하라" "명령하지 말고 질문하라"라며 리더십과 연결 짓기도 한다.

또한 "질문으로 부하의 말문을 열게 하라" "설득하려면 질문하라"라며 소통과 연결하기도 하고 심지어 "인생에서 승리하려면 질문하라" "인생은 질문으로부터 시작된다" "질문이 삶을 윤택하게 해준다"라면서 질문법을 삶의 지혜로 확대하기도 한다. 그런 주장과 책을 읽다 보면 마치 질문만 잘하면 모든 게 해결될 것 같은 착각을 일으키게 된다.

질문이 나름의 가치와 역할이 있음을 부인하지 않겠다. 그러나 '인생을 어떻게 살 것인가?'와 같은 철학적 질문을 비롯하여 과학적 질문이나 탐구적 질문, 분석적 질문이 아니라, 우리가 직장 생활에서 일상적으로 접하게 되는 비즈니스와 관련된 질문은 그렇게 거창하지도 전략적이지도 않다. 용의주도하게 계획적으로 던지는 것도 아니다.

신입 사원을 뽑는 면접, 또는 심포지엄이나 토론회 같은 곳에서는 곧잘 분석적이고 계획적이며 용의주도한 질문이 던져지지만 보통의 비즈니스 질문은 '그냥 툭' 던지는 경우가 대부분이다. 궁금하니까 물어볼 뿐이다. 이것은 당신의 직장 생활을 돌아보면 금방 답이 나온다. 당신이 상사로서 부하에게, 또는 동료에게 어떤 질문을 던질 때 분석적이고 계획적으로 질문한 경우가 과연 얼마나 되던가. 생각나는 대로 '툭' 던진 게 현실일 것이다.

문제는 대답을 어떻게 하느냐에 있다. 대답에 따라 질문이 살기도 하고 퇴색되기도 한다. 이치는 이렇듯 상식적이고 명료하다. 먼저 던져지는 것은 질문이지만 그 질문을 가치 있게 만들며 완성시키는 것은 대답이다.

질문과 대답 중 어느 것이 더 중요하냐는 논쟁은 마치 '닭이 먼저냐 알이 먼저냐?'는 논쟁을 떠오르게 하지만 조금만 깊이 생각해보면 결론은 명확하다. 질문이 먼저이지만 결론은 대답이다.

질문과 답변

'나는 누구인가?'

'나는 무엇을 위해 사는가?'

우리가 종종 스스로에게 묻는 가장 원초적인 질문이요, 거창한 질문이다. 그러나 이 질문이 유용하냐 아니냐는 질문 자체에 있는 것이 아니라 대답에 있다. 이 질문에 대한 답이 삶의 목적과 인생의 방향을 결정짓는 것이지 질문이 그 역할을 하는 것은 아니다.

마찬가지로 우리는 역사와 시대 안에서 나의 존재의 목적을 묻곤 한다.

"역사란 무엇인가?"

"나는 왜 이 시대에 존재하는가?"

이 역시 대답을 통하여 역사의 시대적 의미와 역사 속에서의 나의 존재의 의미를 규정짓게 된다. 질문은 답변을 통하여 의미를 찾게 된다. 질문은 답변으로 완성되는 것이다.

대답을 보면
능력이 보인다

"A사가 어디에 있죠?"

길거리에서 누군가로부터 이런 질문을 받았을 때 대답은 여러 형태가 될 것이다.

"서울에 있죠."

"종로에."

"저쪽으로 가보세요."

"저쪽으로 쭉 가다가 첫 번째 네거리가 나오면 또 물어보세요."

"저쪽으로 500미터쯤 가다가 첫 번째 네거리가 나오면 우회전해서 약 100미터를 가세요. 그러면 00은행 지점이 나올 겁니다. 그 지점을 끼고 다시 우측으로 가시면 붉은 벽돌색 큰 건물이 나오는데 거기에 있습니다."

대답도 제대로 못 하면서

이 밖에도 더 다양한 대답이 나올 수 있다. "저를 따라오시죠. 알려드리겠습니다"라는 친절한 대답도 들을 수 있는 반면에 턱으로 방향을 가리키는 무언의 대답도 있을 수 있다. 위의 대답 중 첫 번째와 두 번째 대답은 대답도 아니다. 농담이 아니면 시비를 거는 것이다.

세 번째 대답부터가 대답이라 할 수 있는데 그것에도 품질이 있고 품격이 있다. 질문한 사람의 의도가 충분히 반영된 대답이 있는가 하면, 대답이 불충분하여 질문을 계속해야 할 대답도 있다. 대답을 글로 표현했지만 그것을 유심히 곱씹어 보면 대답의 유형에 따라 길을 안내하고 있는 사람의 모습이 떠오르며 그가 어떤 사람일지 상상할 수 있을 것이다. 외모가 아니라 인품이나 성실함 같은 것이, 그리고 친절한 사람인지 퉁명스러운 사람인지 등등을 말이다.

● 한마디 대답이 운명을 바꿀 수 있다

위의 상황에서 알 수 있듯이 질문은 한 가지여도 대답은 훨씬 다양하다. 극히 짧고 단순한 대답에서부터 질문자의 의도를 충분히 채워주고도 넘칠 만한 대답에 이르기까지. 때로는 질문자의 요구에 딱 맞는 맞춤형 대답일 수도 있지만, 때로는 헛발질의 엉뚱한 대답이 나올 수도 있다. 더욱 중요한 것은 대답이 대답으로 끝나는 것이 아니라 대답자의 인품과 능력까지 평가될 수 있다는 사실이다.

앞에서 소개한 대답들을 보라. 글로 표현되었지만 길을 묻는 이에게 대답하는 사람의 모습이 보이지 않는가. 그 대답을 들은 나그네는 대답자가 안내한 길을 걸으면서 문득 생각할 것이다. 대답자의 수준과 인품을.

그렇다. 대답을 보면 수준이 보이고 인품이 보인다. 비즈니스라면 능력까지 보일 것이다. 그것이 대답의 성격과 가치다. 이러니 함부로 대답할 수 없는 노릇이다. 한마디 말이 천 냥 빚을 갚는다지만 비즈니스에 있어서는 한마디 대답이 운명을 바꿀 수도 있다.

대답도 제대로 못 하면서

비즈니스 대답법이 중요한 이유

"질문을 왜 하는가?"

답은 확실하다.

"대답을 듣기 위해서다."

질문을 던지면 그것에 답하기 위해 여러모로 머리를 써야 한다. 어떻게 질문을 던지느냐에 따라 답변이 달라질 수밖에 없다. 더 근본적으로는 질문이 없으면 답변 또한 없다. 그러니 질문이 훨씬 더 중요하다고 할 수 있다. 소위 '질문론'자들의 주장이다.

그런데 생각해보자. 비즈니스 대답법으로 범위를 확 좁혀보자. 당신은 지금 직장에서 질문을 할 위치인가, 답변을 할 위치인가? 그리고 질문을 어떻게 할까 걱정하는가, 아니면 답변을 어떻게 할까 고민하는가?

이에 대하여 당신 스스로 내리는 답변이 정답이다. 당신이 질문을 하는 지위요, 질문을 어떻게 할까 걱정하는 상황이라면 질문법을 배워라. 그러나 주로 답변을 할 상황이요, 명쾌한 답변을 위해 고민이 많다면 당연히 대답법을 익혀야 한다.

그런데 현실은 거의 모든 직장인이 후자, 즉 대답자(때로는 보고자)의 입장과 상황에 처해 있다는 점이다. 이제 무엇을 배워야 할지 정리되었는가?

우문현답?
범문현답!

'대답'과 관련하여 유명한 사례가 있다. 흔히 '3인의 벽돌공 이야기'라 하는 것인데 많은 책에 소개되었기에 여러분도 잘 알고 있을 것이다(프롤로그에서 언급한 윌리엄 반스·간다 후사에의 대답법 책에도 이 사례가 소개되었을 정도다).

어떤 사람이 건물을 짓는 공사장을 지나다가 벽을 쌓고 있는 세 명의 벽돌공을 보았다. 그가 첫 번째 벽돌공에게 물었다.

"지금 무슨 일을 하고 있습니까?"

첫 번째 벽돌공이 대답했다.

"보다시피 벽돌을 쌓고 있지요."

두 번째 벽돌공에게 같은 질문을 했다. 그는 "벽을 만들고 있는

대답도 제대로 못 하면서

중"이라고 대답했다. 같은 질문에 대하여 세 번째 벽돌공은 이렇게 대답한다.

"저는 지금 아름다운 성당을 짓고 있는 중입니다."

이 우화는 원래 대답을 어떻게 하느냐에 따라 직업의식이나 가치관, 삶의 방식을 비교하여 설명할 때 많이 인용된다. 그러나 대답법의 관점에서 보면 답변의 중요성을 보여주는 데에도 매우 유용하다.

질문은 평범하다. 공사장을 지나던 길에 무슨 일을 하고 있는지 궁금해서 물어봤을 뿐이다. 속셈이 복잡한 질문도 아니요, 깊은 생각이 있어서 던진 질문도 아니다. 벽돌공의 대답 능력을 테스트해보기 위한 질문은 더더욱 아니다. 그러나 질문자가 의도하진 않았지만 세 사람의 답변을 통해 벽돌공에 대한 평가는 달라진다.

대답자 역시 의도하지는 않았지만 자신도 모르는 사이에 자신의 직업의식, 세상을 사는 태도, 삶의 품격을 노출한 셈이 된다. 더욱 중요한 사실은, 대답을 한 벽돌공은 부지불식간에 자신의 대답에 맞춰서 일하게 되고 살게 된다는 점이다. 예들 들어, 세 번째 답변자만 보자. 그는 "아름다운 성당을 짓고 있는 중"이라고 대답한 것에 맞춰서 벽돌을 쌓게 될 것이다. 그에 걸맞게 성실히 일할 것이요, 그런 정신으로 세상을 살 것이다. 즉, 답변이 답변자의 의식과 행동, 삶의 자세를 자연스럽게 규정하고 통제하게 된다.

● 범문에 현답하기

'우문현답(愚問賢答)'이라는 말이 있다. 질문은 바보같이 했음에도 대답을 현명하게 했을 때, 또는 문제의 본질을 짚지 못한 질문을 받고도 훌륭한 답변을 할 때 쓰는 말이다. 우문현답까지는 아니더라도 비즈니스에서는 '범문현답(凡問賢答)'이 되어야 한다. '범문현답'은 내가 즐겨 쓰는 표현으로 질문은 대강, 평범한 것이라도 답변은 제대로 지혜롭게 해야 한다는 의미다.

앞의 '3인의 벽돌공' 중에 누가 범문현답을 했는지는 쉽게 알 수 있다. 당연히 세 번째 벽돌공이다. 행인의 평범한 질문에 차원 높은 대답을 했으니까.

우리는 직장 생활에서 수많은 질문을 하지만 거의 대부분이 범문, 그냥 그렇고 그런 질문을 한다. 지금까지 6~7곳에서 직장 생활을 하며 말단 직원에서부터 간부, 임원을 거쳐 CEO까지도 해보았다. 돌아보건대 직장에서 상사가 부하에게 던지는 질문은 궁금한 것이 있어서, 또는 문득 떠오른 생각이 있어서 물어보는 것이 일반적이다. 생각나는 대로, 떠오르는 대로, 또는 필요에 따라 질문하는 게 현실이다. 질문을 전략적으로 심오하게 하는 사람을 나

　　　　　　　　대답도 제대로 못 하면서

는 아직 본 적이 없다. 감사를 하는 사람이나 수사관, 또는 기자와 같은 직업인이 아닌 한.

지금까지 여러분이 부하나 동료에게 질문을 던질 때 어떻게 했는지를 돌아보면 금방 현실을 이해할 수 있다. 질문을 다룬 책이나 질문법을 다루는 전문가는 보통의 직장 생활에서도 계획적이고 분석적인 질문을 하라고 역설한다. 그러나 그렇게 '머리 굴리는' 사람이 현실에서 몇 명이나 될까? 거의 없다고 해도 과언이 아니다. 질문론자들은 반박할 것이다. 그러기에 질문법을 역설하는 것이라고. 제대로 질문하는 법을 배우라고.

미안하지만, 그것이 바로 탁상공론이라는 것이다. 이상적인 세상을 상상하기에 그런 주장이 나온다. 현실을 보자. 실제로 여러분이 부하에게 비즈니스와 관련하여 질문을 던질 때 용의주도하게 계산해서 질문을 던진 적이 있는가? 모두들 '범문'을 해왔다. 그럼에도 대답은 어떠하기를 기대했는가? '현답'을 기대했을 것이다. 정확한 대답, 명쾌한 대답, 질문의 의도를 정확히 꿰뚫는 대답을 말이다.

'범문' 하더라도 어떻게 '현답' 할 것인지를 궁리하자. 그것이 대답법의 요체다.

대답공포증이
문제다

이제부터 본격적으로 대답법을 다룬다. 아 참! 그 전에 확실히 해둘 것이 있다.

대답을 요구하는 상황이 질문인데 그것을 단어 그대로 해석하여 꼭 '묻는 것'만으로 의미를 좁게 보지 말라는 것이다.

아래에 예시한 '대답을 요구하는 질문의 유형'에서 보듯이, 비즈니스에서는 꼭 의문형의 질문이 아니더라도 대답이 필요한 다양한 형태의 질문이 있다. 상사의 지시나 명령, 그리고 요구나 제안도 대답을 필요로 한다. 예를 들어 상사가 "이 문제는 이렇게 해결하도록 합시다"라고 제안했다면 어떤 형태로든 그에 대하여 반응을 보여야 하는데 그것이 곧 대답이 된다. 그래서 이 책에서는 대답을 요구하는 직접적인 질문은 물론이고 지시나 명령, 요구나

대답도 제대로 못 하면서

제안 등도 뭉뚱그려 '질문'으로 다룬다. 그러니까 '질문'이라는 용어 속에는 지시, 명령, 요구, 제안 등이 포함된다는 말이다. 이 점을 분명히 인식하고 앞으로 나아가자.

직장인들은 질문을 받는 것에 일말의 두려움이 있다. 왜 두려움이 생기는가? 어떤 형태로든 대답을 해야 하기 때문이다. 이름하여 대답공포증이다. 대답공포증, 처음 들어봤을 것이다. 고소공포증, 무대공포증, 폐쇄공포증, 거절공포증, 심지어 직전공포증이라는 말도 있지만 인터넷을 검색해도 대답공포증이란 말은 나오지 않는다(이 글을 쓰는 지금까지는). 그러나 분명히 직장인들에게는 대답공포증이 있다. "맞아, 나도 그런 공포증이 있다"라고 동의할 것이다. 질문에 대답을 못 하면 어떻게 하나, 틀린 대답이면 어쩌나, 잘못된 대답이면 어쩌나, 그런 것에 대한 공포증이 대답공포증이다. 아마도 대답공포증은 우리 모두의 마음 한편에 자리 잡고 있는 공통된 공포증일 수 있다.

● 어렸을 때 각인된 대답공포
"이것에 내가 질문을 하겠어요."
"어제, 일요일에 무엇을 하며 지냈어요?"
"일기는 썼나요?"

유치원이나 초등학교 시절, 선생님이 던지는 이런 질문에 어린 가슴은 조마조마하고 두려웠을 것이다. 혹시 나를 지명하여 질문을 던지면 어쩌나 싶어 시선을 피했을지 모른다. 드디어 선생님이 한 아이를 선택한다.

"철수야, 일어나봐. 선생님 질문에 대답해봐요."

이쯤 되면 철수의 두려움은 최고치에 달한다. 친구들의 시선이 집중됨을 느끼면서 앞으로 벌어질 일에 대한 두려움으로 가슴이 뛸 것이다. 철수만이 아니다. 다른 아이들도 철수 다음에 자신이 지목될까 봐 겁이 날 것이다.

우리는 이렇게 어린 시절, 초등학교 아니 유치원 시절부터 선생님으로부터 질문을 받으면서 공포증의 싹이 움텄다. 대답을 제대로 못 하면 친구들에게 창피를 당하고 선생님으로부터 꾸중을 들을지 모른다는 두려움이 마음속에 DNA처럼 살아있다. 그리하여 선생님이 "영희야!"라며 자신의 이름을 부르기만 해도 '무엇을 물어보려나?' 하는 불안함이 엄습하고, 그런 두려움은 먼 후일, 성인이 된 후 직장 생활로까지 이어진다.

"부장님이 오시랍니다."

그런 전갈을 들었을 때, 또는 사내 전화로 "김 과장, 내 방으로 오시오"라는 연락을 받았을 때 우리네 머릿속에서 꿈틀거리며 되살아나는 것이 바로 어린 시절의 그 두려움일 것이다. 이름하여 질문에 대한 두려움이요, 그것은 '답변을 잘해야 한다'는 두려움, 대답공포증으로 연결된다.

좋은 대답을 하려면 먼저 대답공포증부터 털어내야 한다. 대답공포증의 실체를 분명히 알고 극복해야 한다. 그래야 자신감 있고 당당하게 대답할 수 있으며 멋진 대답을 할 수 있다. 상사가 질문을 하기도 전에 대답공포증이 작동하면 막상 질문을 받았을 때 좋은 대답을 하기는 틀렸다.

공포를 느끼면 머리가 원활하게 돌아가지 않는다. 평소에는 머릿속에 잘 정리되어 있던 논리가 공포 때문에 뒤죽박죽이 된다. 충분히 알고 있던 내용도 대답으로 연결되지 않는다. "머릿속이 하얘졌다" "멍 때렸다"는 표현이 바로 그런 경우다. 그러니 속된 말로 버벅거리게 되는 것이다. 친구들과 대화를 나눌 때는 유머까지 구사하며 거침없이 묻고 대답하던 사람이 정작 상사 앞에서는 주눅이 들어 말을 제대로 못 하는 것은 바로 그래서다.

좋은 대답을 하려면 무엇보다도 대답공포증부터 극복해야 한다.

대답을 요구하는 질문의 유형

단순형 "그 회사 상무를 만났어요?" "그 상무 이름이 뭐지"처럼 단답형 대답이 나오는 단순한 질문.

탐색형 "그 회사 상무가 뭐라고 합디까?" 이렇게 어떤 정보, 뭔가를 탐색하기 위해 던지는 질문.

의문형 "그 협상이 왜 그렇게 됐지?" "이유가 뭐요?" 식으로 의문과 호기심을 해소하기 위해 던지는 질문.

질책형 "도대체 이게 뭐요?" "왜 그런 식으로 했소?"처럼 책임을 추궁하거나 질책하는 유형의 질문.

자문형(의견 청취형) "이거 어떻게 처리하면 좋을까?" 식으로 대답자의 의견을 들어보고자 하는 질문.

지시·명령형 "이거 언제까지 되겠소?" 또는 의문형이 아니더라도 "이거 이번 주말까지 완료해주시오"처럼 보고의 형태로 대답을 요구하는 질문(그래서 대답법은 보고법으로도 매우 유용하다).

토론형 "이것에 대하여 다른 의견이 있소?" "이거 한번 같이 생각해봅시다" 식으로 의견 교환을 원하는 질문 또는 대답을 원하는 의견 제시.

대답도 제대로 못 하면서

대답공포증을
극복하는 법

우리가 대답공포증을 갖게 되는 것은 질문에 대한 두려움이 그 원천이다. 이미 어린 시절부터 그렇게 각인되었다. 유대인의 하브루타가 우리나라에서 부각되는 이유는 그들의 교육 방식이 우리의 방식과 크게 대비되기 때문이다. 그들은 자유롭게 질문하고 토론하게 하는데 우리의 전통 방식은 어떠한가? "옳은 소리가 말대꾸"라면서 옳은 말까지 원천봉쇄했던 것이 우리네 문화였다. 질의응답과 토론은 그야말로 먼 나라 이야기다.

이렇게 형성된 대답공포증을 어떻게 극복할 것인가? 어린 시절에 쌓인 근본적 원인은 그렇다 치고, 직장인들이 대답에 대해 두려움을 갖는 이유는 3가지로 분석할 수 있다. 그 이유를 알아야 어떻게 대답공포증을 극복할 것인지 길이 보일 것이다.

● 원인을 알면 답이 보인다

첫째는 상사에 대한 두려움 때문이다.

대부분의 직장인은 상사에 대한 공포증을 갖고 있다. 아무리 인품이 좋고 가깝게 여기는 상사라 하더라도 부하로서는 마음 깊은 곳에 그를 회피하고 싶은 심리가 작동한다. 그걸 좀 확대해서 말하면 '공포'라 할 수 있다.

직장의 상황을 머리에 떠올려보자. 점심때 구내식당에서 또는 퇴근 후의 회식 자리에서 상사와 가까운 자리, 바로 앞자리와 옆자리는 가급적 피하려고 한다. 상사 옆에 바짝 다가가 앉는 배짱 좋은 사람도 있기는 하지만 일반적으로 회피하려는 성향을 보인다.

회사 구내식당의 풍경을 보자. 우리의 의식 밑바닥에 상사를 기피하려는 심리가 있음을 확실히 알 수 있다. 배식 창구에서 음식을 받은 다음, 사람들이 하는 행동은 일정한 패턴을 보인다. 식판을 들고 어디로 가는가? 낯익은 동료에게 갈 것이다.

우리나라 사람은 일반적으로 낯가림이 심하다는 연구 결과도 있다. 빈자리가 없어서 어쩔 수 없는 상황이 아닌 한 낯선 사람이 있는 식탁으로 가지 않는다. 상사에 대한 낯가림은 더욱 심하다. 저쪽에서 상사가 혼자서 밥을 먹고 있는 것을 발견했을 때, 관계를 형성할 수 있는 좋은 기회라 생각하고 '이때다' 싶어 상사의 식탁으로 다가가는 사람은 드물다.

식당에서뿐만 아니다. 복도를 걸어가다가 저만큼에서 사장님이 걸어오고 있을 때 논리적으로는 성큼 다가가 인사를 드리는 게 맞지만 자신도 모르게 가슴이 철렁할 것이다. 만약 사장과 눈이 마주치지 않았다면 얼른 복도 옆 화장실로 피할지도 모른다.

왜 상사를 회피할까? 논리적이고 합리적으로 생각하면 참 좋은 기회인데 왜 그럴까? 심리학자들이 밝힌 바에 의하면 인간의 본성은 자기보다 파워 있고 힘센 사람에게는 가까이 가지 않고 거리를 두도록 유전적으로 설계되어 태어났다고 한다. 이런 현상은 동물의 세계를 보면 금방 이해할 수 있다. 자기보다 힘센 동물의 옆에는 가까이 가지 않는 것이 동물적 본능인 것이다.

이렇듯 직장인들은 상사에 대하여 동물적 기피 반응을 보인다. 문제는 그것에 그치지 않는다는 점이다. 파워 있는 사람을 회피하는 본능에 더하여 상사와 마주치면 질문을 받을지 모른다는 현실적 두려움이 가중된다. 부하들이 상사의 곁으로 가지 않으려는 이유는 동물적 본능보다 오히려 후자의 이유가 더 크다고 할 수 있다.

상사들은 부하를 보면 자꾸 질문을 하는 습성이 있다. 그것이 경험에 의하여 학습되어 있기에 부하는 상사를 꺼리게 되고, 멀리 하려 한다. 상사가 지나치듯이 "요즘 어떻게 지내나?"라고 묻는 별것 아닌 질문에도 스트레스를 받는다. 심지어 "아 참, 지난번에 신제품을 개발한다고 했는데 시장에서 반응이 좋은가?"라며 업무와 관련된 질문을 한다면 이건 확실히 공포스럽다.

이렇듯 상사에 대한 본능적이고 동물적인 두려움에 더하여 '상사=질문'이라는 경험률이 대답공포증으로 확대되는 것이다.

둘째는 상황에 대한 두려움 때문이다.

나는 강원도에서 부지사로 일한 적이 있다. 사실 도지사와 부지사는 직위상으로는 가장 가까운 사이라 할 수 있다. 세상을 살 만큼 살았고 직장 생활도 익숙해질 만큼 되었으니 상대를 두려워할 이유가 별로 없다. 수시로 만나 정책을 의논하고 때로는 술도 같이 마시니 상사에 대한 두려움이 있을 까닭이 없다. 논리적으로는 그렇다.

그럼에도 불구하고 인터폰을 통해 비서로부터 "지사님이 부르신다"는 연락이 오면 순간적으로 불안해진다. 긴장된다. 그때 절실히 느낀 것이 바로 대답공포증이었다. 그러기에 "왜 찾으시는지?"를 비서에게 묻게 된다. 혹시라도 질문에 대한 유용한 정보를 미리 얻을 수 있을까 해서다.

비서가 "글쎄요, 왜 찾으시는지 모르겠습니다"라고 답하면 두려움과 불안은 가중된다. 왜 호출을 했는지 모름으로써 미지의 상황에 두려움을 갖게 된다. 그런 경우 상사는 십중팔구 무엇인가 질문하거나 지시 또는 제안하는 등 대답을 요구하는 행위를 할 것이다. 그런데 어떤 질문을 할지 확실히 알 수 있다면 그에 대비하면 되는데 어떤 질문을 할 것인지 알 수가 없으면 불안과 두려움은 더 커질 수밖에 없다.

직장에서 상사의 호출이 있을 때 업무 관련 상황이 세밀하게 정리된 두툼한 파일을 들고 가는 이유가 무엇인가? 질문을 예상하고 대비하는 것이요, 미지의 상황 또는 앞으로 벌어질 일에 대한 불안 때문이다. 이것 또한 대답공포증이 원인이다.

셋째는 대답에 자신이 없기 때문이다.

"지난해 우리나라 GDP가 정확히 얼마지요?"

"(경쟁사인) A사의 광고가 소비자들 사이에서 인기라는데 그거 어느 광고사에서 만들었습니까?"

간단한 것이든 까다로운 것이든 상사가 질문하는 것은 신기하게도(?) 꼭 내가 모르는 것만 묻는 것 같다. 실제로 그럴 가능성이 높다. 상사가 몰라서 묻는 것이라면 그만큼 중요한 것일 수 있고, 상식적으로 누구나 알고 있는 사항은 아닐 것이다.

"지난번에 이야기했던 00에 관한 건이 어떻게 되고 있나요?"

이런 질문이라면 대답 또는 보고의 준비가 되지 않은 상태에서 벌어지는 독촉성 질문일 것이다. 즉, 적절하고 명쾌한 대답을 하기 어려운 경우이거나 아직 대답할 준비가 덜 되어 있으니 당연히 질문에 대해 두려움이 있을 수밖에 없다.

대답할 자신이 없는 것, 그것이 대답공포증을 낳은 세 번째 이유다.

이상의 3가지 주요 원인들이 복합적으로 작용하여 우리는 상사를 두려워하고 질문을 두려워하면서 결국 대답에 대한 공포증을 갖게 된다. 그러나 공포의 실체를 분명히 알게 되면 그 해결책 또한 확실해진다. 또한 상사의 질문에 어떻게 대처해야 할지 답이 나온다.

첫 번째로 꼽은 상사에 대한 두려움, 두 번째 원인인 미지의 상황에 대한 두려움은 결국 세 번째 이유인 대답할 자신이 없음에서 비롯된다 할 수 있다. 그렇기에 대답공포증을 해결하는 가장 확실한 방법은 세 번째 원인을 해소하는 데 있다. 즉, 업무에 해박해야 한다는 것이다.

만약 당신이 모든 업무에 자신이 있고 현황을 완벽하게 파악하고 있거나 대답할 준비가 확실히 되어 있다면 어떻겠는가? 질문에 대한 공포가 그만큼 덜할 것이며 그 때문에 상사를 기피하지 않을 것이다.

오히려 상사와 만날 기회가 있기를 기대할지 모른다. 자신의 업무와 능력을 자랑하고 싶어서 말이다. 준비가 완벽하다면 상사가 당신을 호출하기를 기다리게 될 것이며 뭔가를 질문해주기를 오히려 바랄 것이다. 자신의 능력을 보여주고 홍보할 절호의 기회니까.

자, 이제 대답공포증을 어떻게 해결할지, 무엇을 준비해야 할지 알았을 것이다. 결론은 일을 잘하는 사람이 되어야 한다는 것이다. 그것이 두려움을 극복하는 가장 빠르고 확실한 길이다.

공포를 넘어
기회를 만들자

앞에서 우리가 갖고 있는 대답공포증에 대하여 알아보았다. 어쨌거나 질문을 한다는 것은 '일반적'으로 능동적이거나 공세적이다. 반면에 대답은 상대적으로 수동적이고 방어적이다. 또한 질문은 안전한 데 비하여 대답은 불안함과 위험성이 있다. 질문을 잘못해서 문제가 되는 경우는 거의 없지만, 대답을 잘못하면 엉뚱한 일이 벌어질 수 있다.

그래서 설령 공포까지는 아닐지라도 우리는 부지불식간에 질문을 받을 수 있는 상황을 피하려고 한다. 그러나 이제 발상을 바꿀 필요가 있다. 어차피 질문을 받을 것이라면 피하려 한다고 피할 수 있는 게 아니다.

생각해보라. 질문을 잘했다고 능력이 돋보이는 경우는 없지만

(있다면 국회의원의 대정부 질문이나 청문회 정도일 것이다), 대답을 잘하면 능력이 돋보이고 인정받는 기회가 될 수 있다. 그러므로 생각을 바꿔서 질문을 받고 대답을 할 기회를 잘 활용해야 한다. 대답을 통해 자신의 생각과 처지를 제대로 알리고 능력을 보여줄 수 있는 것이다. 그래서 지금 대답법을 배우고 있지 않은가?

"지금 무슨 일을 하고 있소?"라는 간단한 질문에서부터

"다음 달의 영업 추진 계획이 어떻습니까?"라는 까다로운 질문에 이르기까지 멋지게 답하는 요령을 배워야 한다. 공포를 넘어 기회를 만들어 보자.

● 이 책을 접한 것만으로도 절반의 성공

그럼 어떻게 대답해야 할까? 지금까지는 생각나는 대로, 재치와 임기응변으로 대답했다면 이제부터는 계획적이고 전략적으로 대답할 수 있어야 한다. 그것을 평소에 훈련해야 한다. 발상의 구조를 그런 방향으로 재설정해야 한다.

직장 생활, 비즈니스 현장에서 수시로 이루어지는 상사 또는 동료와 부하, 때로는 고객과의 관계에서 어떻게 멋진 대답으로 상대의 호감을 얻고 대화의 주도권을 잡으며 평판을 높일 것인지를 배우는 것은 단순히 커뮤니케이션 능력을 향상시키는 차원을 넘어 직장 생활의 새로운 지평을 여는 게 될 것이다.

그동안 관심을 두지 못했던 대답법이기에 이제부터라도 관심을 기울여 좋은 대답을 할 수 있는 요령을 터득하고 능력을 키운다면 이는 분명히 경쟁력을 강화하는 것이 된다. 그런 의미에서 거창하게 '경쟁력 강화' 운운하지 않더라도, 일단 이 책을 읽게 된 당신은 좋은 계기를 잡았다 할 수 있다.

생각해보라. 이 책을 접한 사람과 그렇지 못한 사람을 비교해보면 금방 그 효과를 알 수 있을 것이다. 이 책을 접한 사람은 대답법의 실천 여부는 나중의 과제라 하더라도 일단 '대답'에 대한 인식만은 확실히 다를 테니까 말이다.

이 책을 읽은 후 상사와 대화를 나누게 된다면, 또는 어떤 사람과 대화를 나누거나 협상을 하게 된다면 상대의 질문에 대하여 건성으로 대답하지 않을 것이다. 좀 더 심사숙고하여 대답하려고 할 것이다. 지금까지와는 달리 '어떻게, 어떤 대답을 할까?' 하고 좋은 대답을 하려고 신경 쓸 것이다. 대답이 경쟁력임을 알고 좋은 대답으로 자기를 돋보일 기회로 삼으려 할 것이다. 그리하여 전략적인 대답을 위한 구상을 할 것이다. 이것만 해도 엄청난 변화가 아닌가? 일단 절반의 성과는 거둔 것이 된다.

그럼 대답의 효과를 극대화할 '전략적 대답'은 어떻게 하는 것인지 알아보자.

대답도 제대로 못 하면서

대답과 말대답, 대꾸와 말대꾸

질문에 대한 반응을 나타내는 말에는 비슷하면서도 어감이나 쓰임새가 다른 말들이 있다. 대답, 대꾸, 말대답, 말대꾸가 그것이다. 우선 사전적 의미부터 살펴보자.

대답: 상대가 묻거나 요구한 것에 대하여 해답이나 제 뜻을 말함.

대꾸: 남의 말을 받아 자기 의사를 밝히거나 나타냄.

말대답: 손윗사람이 하는 말을 받아들이지 않고 덮어놓고 반대하는 뜻으로 답함.

말대꾸: 남의 말을 그대로 받아들이지 않고 그 자리에서 바로 자기의 뜻을 나타냄.

이렇게 비교해보면 그 의미가 어떻게 다른지 금방 알 수 있다. 대답이 상대의 요구에 부응한 해답을 제시하는 의미가 있다면, 대꾸에는 상대의 요구에 부응하는 여부를 떠나 자기의 의사를 밝히는 것이므로 조금 더 독립적이라 할 수 있다.

그런데 대답과 대꾸 앞에 '말'이 붙으면 상황은 달라진다. 말대답과 말대꾸의 공통점은 상대의 말을 '받아들이지 않고'에 있다. 상대의 질문이나 지시를 거부하고 자신의 의견을 말한다는 뜻이 된다.

전략적으로
대답하기

질문의 가치를 크게 생각하는 이들은 질문이 말하는 사람의 지식의 깊이와 수준, 높은 인지능력 등을 나타낸다고 한다. 그러나 대답이야말로 질문보다 훨씬 더 지식의 깊이와 수준을 나타낸다. 대답은 그 사람의 '생각의 틀과 지식, 자세 그리고 문제해결 능력' 등 많은 것을 보여준다.

문제는 그런 것을 보여주려면 생각나는 대로 하는 대답, 단선적인 대답으로는 안 된다는 사실이다. 용의주도하게 계획된 대답, 복선적인 생각이 담긴 대답을 할 수 있어야 한다. 이것을 '전략적 대답'이라고 한다(윌리엄 반스와 간다 후사에는 이런 대답을 가리켜 '질문을 뛰어넘는 대답'이라고 했는데 좋은 표현인 것 같다).

대답도 제대로 못 하면서

전략적 대답? 대답을 하는 데 무슨 전략까지나? 너무 거창하게 느껴질지 모르나, 용어를 트집 잡지 말고 이제부터 전략적 대답을 배워보자. 이것을 이론으로 설명하면 별 재미가 없을 것이다. 따라서 사례를 통하여 어떻게 대답하는 것이 전략적 대답인지, 전략적 대답을 하려면 어떻게 하는 것인지 알아보자.

● 뻔한 질문에 뻔하지 않은 대답

스물아홉 살 때 나는 농협중앙회의 책임자로 승진하여 강원도 묵호, 지금의 동해시 바닷가에 있는 작은 예금취급소 소장으로 발령받았다. 당시 그곳은 오징어잡이 배를 비롯하여 원양어선 등이 들락거리던 항구로서 도시에 진입하는 순간 생선 비린내가 코를 찔렀다(예전 '묵호'라는 곳을 기억하는 사람도 있을 것이다). 그곳은 항구도시라는 이름에 어울리지 않게 조금은 남루한 어촌(?)이었는데 여러 은행의 지점들이 치열한 경쟁을 벌이고 있었다.

그곳의 상황은 매우 특이해서 어부들이 먼바다로 고기를 잡으러 나갈 때면 예금이 깡그리 빠져나갔다. 출어 준비를 하려면 자금이 필요하기 때문이다. 반면에 한두 달 후에 고기잡이배가 돌아오면 가만히 있어도 예금이 물밀듯이 밀려온다. 물고기를 팔았으니까 돈이 풍성하게 도는 것이다. 이때는 시장이 북적거리고 상가와 술집들도 흥청거렸다.

공교롭게도 내가 사무소장으로 부임했을 때는 고기잡이배들이 들어온 터라 예금 실적이 일 년 중 최고로 좋았다. 이를테면 호황인 셈인데 그것은 불운을 뜻한다. 호황이 불운이라고? 그렇다. 부임할 당시의 예금이 최고의 실적이니 이제부터 예금이 빠져나갈 일만 남았을 테니까.

금융기관에서 일해본 사람은 잘 아는 사실이지만 예금을 다루는 사무소장의 실적 평가는 부임할 당시에 비하여 예금이 얼마나 더 증가했느냐에 달렸는데, 증가는 고사하고 실적이 형편없이 추락할 것이니 상당한 불운이요, 스트레스가 되었다.

드디어 출어기가 닥쳐 고기잡이배들이 바다로 나갔다. 예금이 대거 빠져나갔고 당연히 실적은 곤두박질쳤다. 배들이 들어오면 또다시 실적이 오를 테지만 그건 그때의 일이고 일단은 실적이 나빠진 것이다. 이렇게 되면 사무소장은 피가 마르는 심정이 된다. 그리하여 어부들의 예금은 나중을 기약하는 대신 상가나 주택 지역을 돌면서 예금을 추진해야만 했다.

"예금을 해달라"는 글귀가 쓰인 어깨띠를 두르고 홍보 전단을 만들어 길거리에 나가서 읍소하지만 역부족이었다. 고깃배가 바다로 나가면 지역 전체가 불황에 빠지는 것은 어찌할 수 없었다. 대세를 거스를 수는 없는 노릇이다. 바다의 썰물을 누가 막을 수 있겠는가.

드디어 매 분기마다 발표하는 사무소별 예금 실적이 발표되었다. 내가 이끄는 사무소가 꼴찌였다. 그것도 전국 최하위의 꼴찌를 말이다. 난리가 났다. 결국, 강원도 전체를 책임지는 본부장이 나를 추궁하기 위해 우리 사무소를 방문한다는 연락이 왔다.

지금과 달리 예전에는 상사의 지위는 두려움 그 자체였다. 요즘은 '갑질' 논란에 빠질까 봐 오히려 높은 사람이 몸조심, 말조심을 하지만 그때는 자칫하면 육두문자가 동원될 정도로 상사의 권위(?)와 위세가 대단했다. 공포스러울 정도였다. 이제 막 초급 간부로 임명된 내가 까마득히 높은 사람과 최악의 상황에서 맞닥뜨린다는 것을 생각하니 잠이 오지 않았다. 떨렸다. 하필이면 전국 꼴찌라니….

본부장이 오면 추궁할 말은 뻔하다. 호통을 치기 전에 일단 질문부터 할 것이다. 이럴 때 상사의 질문은 딱 두 가지를 예상할 수 있다.

"왜 이렇게 꼴찌가 됐소?"
"앞으로 어떻게 하겠소?"

질문은 판에 박힌 것이지만 대답은 다양할 것이다. 질문은 전략적이지 않고 또 그럴 필요도 없이 단순 명쾌한 것이지만, 대답은 머리를 써서 전략적으로 하지 않으면 안 된다. 대답을 통하여 사무소장의 의지와 역량을 판단하게 될 것이다. 만약 본부장의 마음에 어필할 수 있는 대답이 되지 못하면 호통은 말할 것도 없고 그보다 더한 문책을 당할 게 분명하다.

질문은 뻔하더라도 대답 역시 뻔해서는 낭패를 볼 것이다. 그래서 답변이 중요하다. 상황에 따라서는 답변 여하에 따라 인생의 여정이 달라질 수도 있다. 자, 당신이라면 이런 상황에서 어떤 대답을 준비하겠는가?

상식적인 질문에 상식적인 대답이어서는 안 된다. 머리를 써야 한다. 계획적이고 전략적으로 말이다.

나는 이렇게 답했다. 이야기를 다음으로 이어간다.

위기를 기회로
바꾸는 대답

사무소장으로 승진 발령을 받은 지 불과 3개월 만에 찾아온 위기였다. 과연 이 난국을 어떻게 극복할 것인가. 나는 깊은 생각에 빠졌다.

"왜 이렇게 꼴찌가 됐소?"
"앞으로 어떻게 하겠소?"

예상되는 뻔한 질문을 계속 중얼거려보았다. 본부장의 얼굴이 어른거렸다. 나는 일단 본부장의 입장에서 생각해보았다. 나를 앞에 세워두고 본부장은 과연 무엇을 알고 싶어 할까? 무슨 대답을 듣고 싶어 할까?

사실, 전국 꼴찌를 한 것이 부임한 지 3개월밖에 안 된 신출내기 사무소장의 무능 탓만은 아니라는 것을 본부장도 잘 알고 있을 것이다. 이미 본부의 기획실에서 우리 사무소가 꼴찌를 한 이유를 상세히 분석하여 보고했을 것이다. 지역적 여건이 어쩔 수 없음을 잘 알고 있을 것이다. 그럼에도 먼 길까지 본부장이 직접 오는 이유는 무엇 때문일까? 이렇게 생각을 이어가자 조금씩 해답의 실마리가 보이기 시작했다. 이런 경우, 질문에 대한 대답에는 관행처럼 일정한 형식이 있다.

"최선을 다하겠습니다."
"무슨 수를 써서라도 실적을 만회하겠습니다."

거의 모두 그렇게 답한다. 나중에야 어떻게 되든 일단 확고한 의지와 열정을 보여주려 한다. 그래서 비장한 얼굴을 하고 주먹을 불끈 쥐며 목소리를 높인다. 그러나 그런 대답은 진정성도 없고 해결 방안도 아니다. 일단 소나기를 피하고 보자는, 즉 그때만 모면하려는 얄팍한 계산에 다름 아니다. 대답을 듣는 상사가 그걸 모를 리 없다.

그렇다면, 그런 틀에 박힌 뻔한 대답을 들으려고 먼 길을 오지는 않을 것이다. 그럼 우리 사무소에 오는 진짜 이유는 무엇일까?

한마디로 쇼를 하는 거다. 이를테면 보여주기 식이다. 원래 리더들은 그런 쇼에 능하다. '보여주기 식'을 잘 활용한다. 한 사람을 박살 냄으로써 다른 사무소장들을 바짝 긴장하게 하는 효과를 노리는 것이다. 답변을 들으러 오는 것이 아니라 호통을 치러 오는 것이다. 소문을 내려고 오는 것이다.

"실적이 부진하여 아무개 소장이 엄청 깨졌다"라는 소문이 도내에 쫙 퍼지면 다른 사무소장들이 크게 분발할 것을 노리는 것이다. 이것이 바로 '한 사람을 벌주어 백 사람을 경계(警戒)한다'는 '일벌백계(一罰百戒)'다. 이런 경우 본부장의 질문 자체는 전략적이지 않지만 그의 방문은 확실히 전략적이라 할 수 있다.

나는 어차피 피할 수 없는 본부장과의 대면이라면 그 기회를 잘 활용하기로 했다. 강원도 동해안의 남단에 있는 작은 사무소의 장이 언제 본부장과 직접 대면하여 이야기를 나눌 수 있겠는가 말이다. 일대일로 대면하는 경우는 거의 없다고 해도 과언이 아니니 분명히 절호의 기회라 할 수 있다. 이런 걸 역발상이라 하던가?

골똘히 생각하니 슬슬 해답이 나오기 시작했다. 이왕 먼 곳까지 오셨으니 본부장에게 뭔가 도움이 되는 이야기, 처음 듣는 정보를 전해야겠다는 판단이 섰다. 깨질 때 깨지더라도 멋지게 답해야겠다고 방침을 세웠다.

"최선을 다하겠습니다. 무슨 수를 써서라도 실적을 만회하겠습니다"라는 식의 막연한 대답, 형식적인 대답, 늘 듣던 대답이 아니고 처음 들어보는 대답, 실질적이며 확실하게 이해가 가는 답변을 해야겠다고 생각한 것이다.

지금처럼 '대답법'을 연구해서가 아니다. '전략적 대답'이라는 개념은 생각지도 못했다. 단지, 앞으로도 이 사무소에 같은 사정이 매년 반복될 것이기에 이번 기회에 상사에게 확실한 정보를 드려야겠다고 생각한 것이다. 그렇게 대답을 준비하자 긴장되고 떨리는 한편으로 본부장의 방문이 기대가 되었다. 과연 어떤 반응, 어떤 결과를 낳을지 말이다.

● 치밀하게 정보를 담아서

드디어 본부장이 방문하였다. 막상 대면을 하고 보니 기대와 희망보다는 전국 꼴찌의 사무소장으로서 창피하기도 하고, 본부장이 어떤 식으로 질책할지 두려웠다. 그는 응접실에 앉자마자 예상했던 대로의 질문을 던졌다(그 외에 물어볼 것이 뭐가 있겠는가).

"왜 이렇게 됐소? 앞으로 어떻게 할 거요?"

나는 준비해둔 대답을 풀어나갔다. 일단, 예금 실적이 꼴찌인데 대하여 정중히 사과드렸다. 그러고는 그동안 분석해둔 자료에 의하여 답변을 이어갔다. 지금도 기억하지만 나의 대답은 이랬다.

"본부장님, 이 지역은 여건이 특수한 항구이자 어촌으로서 농협이 아니라 수산업협동조합이 강세일 수밖에 없는 곳입니다. 그에 더하여 4개의 은행 지점이 경쟁을 하고 있습니다. 제가 이곳에 부임한 후 지역의 여건을 세밀히 분석해본 결과, 설령 저희가 이 지역 주민의 예금을 50퍼센트까지 유치한다 해도(실제로는 20퍼센트도 안 된다) 거기서 나오는 수익으로는 우리 사무소의 인건비와 운영비는커녕 항상 적자가 발생합니다. 따라서 이 사무소는 실적 만회 여부에 관계없이 조속히 폐쇄하는 것이 옳다고 생각합니다."

이건 폭탄선언, 아니 폭탄 대답이다. 전국 꼴찌를 차지한 사무소장이 "목숨 걸고 실적을 만회하겠다"는 굳은 결의를 보여도 문책을 면하기 어려운데, 사무소를 아예 없애버려야 한다고 했으니 말이다.

본부장은 물끄러미 나를 바라보았다. 어이가 없는지, 아니면 황당했는지 잠시 침묵이 흘렀다. 그러고는 알 듯 모를 듯한 표정으로 고개를 끄덕이며 "고생 많군. 최선을 다해보시오"라는 한마디를 남기고 급히 사무실을 떠났다.

불안했다. 오래 머물지 않고 서둘러 떠나서 더욱 그랬다. 혹시 화가 크게 나서 '할 말을 잃은 것'은 아닌지, 또는 다른 일정이 있었던 것인지 알 수가 없어 혼란스러웠다. 앞으로 어떤 일이 벌어질지 예측이 불가능했다. 그러나 확신에 따라 대답했기에 후회하지는 않았다. 본부장이 꼭 알아야 할 중요한 정보요, 우리 농협 전체를 위해서 꼭 필요한 판단이라고 믿었기 때문이다.

본부장이 떠난 지 몇 시간 후, 한 통의 전화를 받았다. 본부장을 수행했던 책임자의 전화였는데, 돌아가는 차 안에서 본부장이 내린 지시를 전달해준 것이다.

"저 사무소장을 본부의 기획부서로 스카우트하라."

이거야말로 돌발 상황(?)이요, 상황 역전이며 '대박' 아닌가? 그 경험은 나에게 "위기는 기회"라는 말을 실감하게 해준 것으로 평생 동안 내 가슴에 남아있다. 그러나 가만히 있는 것만으로도 위기가 기회가 되는 것은 아니다. 어떻게 대응하느냐에 따라 정말로 위기도 될 수 있고 기회도 될 수 있다. 만약 늘 하던 대로의 관행적인 대답에 그쳤다면 어떻게 되었을까?

사무소의 여건이 원래 그런 곳이니 꾸중을 듣는 선에서 끝났을 수도 있고, 시범 케이스로 문책을 당했을 수도 있을 것이다. 그러니 결코 '스카우트'의 기회는 오지 않았을 것이다. 치밀하게 준비된 대답을 통하여 본부장은 새로운 사실을 알게 되었고, 분석 능력을 파악할 수 있었기에 문책이 아니라 스카우트의 기회를 준 것이리라.

그때의 일을 돌이켜 대답법에 대입해보니 그것이 바로 '전략적 대답'이었음을 알게 된다. 질문에 대하여 단편적으로 대답하는 것이 아니라 질문하는 이가 무엇을 요구하는지, 그리고 대답 이후의 상황까지 고려하여 대답하는 것이 전략적 대답이다.

물론 모든 질문에 전략적 대답을 해야 하는 것은 아니다. 상황이 항상 계산적일 수만은 없다. 그러나 중요한 상황, 결정적인 상황에서는 전략적 대답을 통해 대답의 효용을 크게 높이는 지혜가 필요하다. 그러다 보면 위기의 상황이 기회로 바뀔 수도 있는 것이다.

버벅거리는
전략도 있다

전략적 대답이란 단선적인 대답이 아니다. 복선이 있는 대답이요, 계산된 대답이자 정보가 있는 대답이요, 계획적인 대답이다. 전략적 대답이란 말을 잘하는 것과 관계가 별로 없다. 말을 많이 하는 것은 더욱 아니다.

전략적이고 계산된 대답이 되려면 꼭 정보가 담긴 대답이 아닐 수도 있다. 많은 정보를 담아 질문자의 호감을 사는 전략도 필요하지만, 때로는 정보를 차단하여 상대가 어떤 정보가 있는지 모르게 하는 것도 필요하다. 그래서 '전략적'이다.

내가 직장에서 팀장으로 근무할 때의 일이다. 나의 직장은 매년 10월을 전후하여 국회로부터 국정감사를 받았다. 국정감사 때가

대답도 제대로 못 하면서

되면 회사는 비상사태에 돌입한다. 국회의원들이 어떤 문제를 발굴하여 어떻게 추궁할지 모르기 때문이다. 더구나 국정감사 때가 되면 내부고발이라는 이름으로 국회에 여러 정보가 들어간다. 어느 직장이든 '정의파' 내지는 '불만자'가 있게 마련이니까.

국회의원으로서는 국정감사야말로 국민의 관심을 끌고 크게 돋보일 수 있는 중요한 기회가 된다. 국정감사를 통해 스타 의원이 나타나는가 하면 어떤 사안은 크게 사건화되어 뉴스의 핵이 되기도 한다. 따라서 국회의원은 누구나 할 것 없이 피감기관이 답변을 못 해 쩔쩔맬 사안을 갖고 질문하거나 추궁한다.

드디어 국정감사가 있는 날. CEO가 맨 앞에 앉았고 임원과 부장을 비롯한 간부들이 뒷줄에 즐비하게 배석하였다. 그런 분위기에서 국회의원의 추궁성 질문이 이어졌다. 사실 국회의원이 국정감사를 하기는 하지만 아무래도 그 직장의 임직원만큼 회사의 사정을 속속들이 알 수는 없는 것이다. 따라서 임직원들이 듣기엔 그들의 질문이 잘못된 통계를 들먹이거나 잘못 알려진 내용을 가지고 억지를 부리는 경우가 적지 않다.

● 참새가 봉황의 뜻을 알까?

그날도 그랬다. 어떤 국회의원이 CEO를 강하게 압박하는 질문을 던지며 추궁했는데 뒤에서 그걸 지켜보는 우리가 듣기에는

'턱도 없는 소리'였다. 실상을 잘못 알고 있으면서 괜히 목청만 돋우고 있었다. 국회의원의 추궁성 질문은 사실과 정반대로 완전히 헛짚은 것이다.

국회의원의 헛발질을 보면서 뒷자리에 배석해 있던 우리는 속으로 쾌재를 불렀다. 국회의원이 잘못 알고 있는 사실, 틀린 통계를 우리 CEO가 지적하며 역공을 펼 수 있는 상황을 맞았으니까. 그러면 질문을 던진 국회의원이 머쓱해져 꼬리를 내릴 것이니까.

"도대체, 이렇게 하면서 '고객 만족' 운운할 수가 있는 거요? 한마디로 사기 치는 것 아니오?"

국회의원이 의기양양, 서슬 퍼렇게 질문했다.

'크, 잘 걸려들었다. 단칼에 반박하면 꼼짝없이 당할 것이다.'

우리는 그렇게 생각했다. 그런데 이게 웬일인가? CEO는 질문의 부당함이나 사태의 정확성을 알리지 않고 우물쭈물 버벅거리는 것이었다.

"음… 좋은 지적을 하셨는데, 제가 상황을 정확히 파악하고 오늘 감사가 모두 끝나기 전에 상세한 답변을 드리겠습니다."

이렇게 물러서는 것이다.

우리는 속으로 '아니, 회장님이 저걸 모르신단 말인가?' '좋은 지적이 아니라 완전히 틀린 지적인데 왜 저러시는가?'라고 생각

대답도 제대로 못 하면서

했고, 담당 부장은 속이 타는지 얼른 발언대의 회장 곁으로 달려나가 답변 자료를 건네며 귀엣말로 사실을 알렸다. 그런데도 회장은 '알았다'며 고개만 끄덕일 뿐, 국회의원을 향해 계속 머리를 조아렸다.

"그렇다면, 오늘 감사가 끝나기 전에 답변해주시오."

그렇게 국회의원이 한발 물러서고 다음 국회의원의 질문으로 넘어갔다. 그리고 잠시 후 정회가 선포되었다.

우리는 나중에 알았다. 회장이 사실을 몰라서 답변을 못 한 것이 아니라, 그 자리에서 사실을 말하면 국회의원의 입장이 난감해질 것이고, 스타일을 구긴 의원은 다른 질문이나 추궁으로 회장을 물고 늘어질 것이므로 슬그머니 물러섰다는 것을 말이다. 역시 회장은 노련했다. 그때 언뜻 떠오른 말이 있다.

"참새가 봉황의 뜻을 어찌 알리오."

회장은 휴식 시간에 그 국회의원에게 다가가 저간의 사정과 통계 수치를 넌지시 알렸다. 잘못 오해하고 있음을 설명한 것이다. 남들이 듣지 못하게 개별적으로 말이다. 그렇게 하여 모든 것이 해피엔딩으로 끝났다.

만약 국회의원들을 비롯하여 수많은 사람이 있는 국정감사장에서 틀린 것을 '명쾌하게' 지적했다면 어떻게 됐을까? 당신의 상상에 맡긴다. 그래서 대답의 기술이 필요하다. 전략적이고 계산적인 대답 말이다.

이것은 꼭 국정감사나 국회의원에게만 해당되는 게 아니다. 우리 직장 생활에서도 비슷한 상황은 수시로 벌어진다. 상사가 잘못 알고 크게 힐책하는 경우도 있을 것이다. 그럴 때 '정확한' 대답을 통해 상사를 박살 내는 게 과연 좋은 대답일까? 그래서 대답에 전략과 지혜가 필요한 것이다.

전략(strategy)이란 원래 전쟁에서 적을 속이는 술책이란 의미로 출발했다. 그러나 지금에 이르러서는 어떤 목표에 도달하기 위한 계획이나 최적의 방법을 뜻하는 것으로 사용된다. 그러니까 전략적 답변이란 상대를 속이는 술책으로서의 답변일 수도 있으나, 그보다는 상대의 질문에 대하여 상대를 설득하거나 자신을 돋보이게 하기 위한 의도가 숨겨진 답변, 또는 계산이 가미된 계획적인 답변, 단선적이지 않고 복선적인 답변을 의미한다.

또한, 전략적 답변이란 청산유수의 매끄러운 답변이 아니다. 때로는 버벅거림으로, 때로는 정보를 숨기는 침묵의 형태로 나타날 수도 있다. 어떤 방법을 선택할 것인지는 상황에 따라 다름은 물론이다. 그러기에 전략적이다.

계속해서 전략적 대답의 요령을 설명하겠다.

대답도 제대로 못 하면서

'A+α'와 'A-β' 대답

전략적 대답이란 질문에 충실한 대답을 넘어서는 것이다. '전략적'이라고 하니까 엄청난 계산이 숨겨져 있는 것 같지만 그런 건 아니다.

생각해보라. 질문을 받고 몇 시간, 아니 단 몇 분 정도라도 대답을 궁리할 시간이 주어진다면 전략적이고 계산적인 대답은 충분히 가능하다. 그러나 실제는 어떤가? 질문에 대하여 즉각적으로 반응해야 하는 게 거의 대부분이다. 뜸 들이며 천천히 말할 만큼 충분한 시간이 주어지는 게 아니다. 질문을 한 사람도 빠른 대답을 원하고, 답변해야 하는 사람도 본능적으로 즉각 대답하려고 한다. 독촉하는 사람이 없는데도 말이다. 그것이 질문자와 답변자의 공통된 심리다. 그런 상황에서 보통의 두뇌, 또는 대단한 내공을 쌓은 것도 아닌 사람이 전략적 대답을 하려면?

요령은 간단하다. 첫째는 '질문과 직접적으로 관련이 있는 내용+도움이 될 정보를 추가한 대답'이면 된다. 나는 이것을 'A+α'라는 공식으로 표현한다. 이 공식(이라 할 것도 없지만) 하나만 머릿속에 꼭 담아두자.

'A+α'

여기서 A란 Answer, 즉 질문에 대한 직접적인 대답이요, 질문에 충실한 대답이다.

그리고 α는

질문과 관련된 정보,

질문자의 관심사와 연관된 정보,

질문자에게 필요하다고 생각되는 의견과 정보,

답변자가 자신을 어필하고 홍보할 수 있는 지식이나 경험 또는 아이디어 등이다.

● 피할 것은 피하고 알릴 것은 알리고

이렇게 'A+α'의 대답이란 상대가 질문한 것에 직접적이고 충실한 동시에 그 기회에 상대방과 관련된 정보 또는 어필하거나 홍보

할 수 있는 것, 또는 질문자에게 필요한 정보를 담아서 말하는 것이다.

상사로부터 질문을 받는다는 것은 자신의 의사를 분명히 밝히고 아울러 자신의 존재감이나 능력, 사고와 인격을 어필할 수 있는 절호의 찬스가 된다. 그 귀한 기회를 단답형 답변이나 질문에 직접 관련된 답변으로만 끝낸다면 아쉽고 아깝다. 경우에 따라 아까운 차원을 넘어 자칫 능력이 평가절하될 수도 있다. 그러니 '+α'가 필요하다.

전략적 대답에는 'A+α'와 쌍을 이루는 또 하나의 공식이 있다.

'A-β'

A란 앞에서 설명한 대로 Answer, 즉 질문에 대한 직접적인 대답인데 문제는 '-β'다. 이미 눈치챘겠지만 앞의 9장에서 소개한 국정감사장에서 CEO가 보여준 답변 스타일이 그것에 해당된다. 즉, '+α'가 정보를 덧붙여 대답하는 것이라면 '-β'는 '하지 않아야 할 것은 하지 않는 것'이다. 때로는 상대방에게 가치 있고 도움이 되지만 답변자의 입장에서는 불리할 수 있는 정보를 전략적으로 숨기는 것이다. 협상이나 또는 고객에 대한 답변에서 흔히 볼 수

있는 형태이다.

상사로부터 어떤 질문을 받으면 부하로서는 자기의 능력을 과시하고 상사의 호감을 사기 위해 말을 많이 하려는 심리가 작동한다. 그래서 부지불식간에 'A+α'의 대답을 하게 된다. 그래야 대답다운 대답이 된다고 생각하기 때문이다.

그러나 비즈니스를 위한 대답의 상황은 꼭 상사의 질문에만 있는 것이 아니다. 상위 부서 또는 감독 부서에서 감사나 조사를 나와서 질문하는 경우도 있고, 이해가 상충되는 상황에서 협상을 위해 상대의 요구와 질문에 응답해야 하는 경우도 있다. 때로는 고객의 질문에 답해야 하는 경우도 있다. 이럴 경우 미주알고주알 모든 정보를 노출하는 게 과연 좋은 대답인가? 결코 그렇지 않다. 그렇게 되면 솔직한 대답일 수는 있어도 결과적으로 손해 나는 대답, 낭패하는 대답이 될 수 있다. 이는 결코 좋은 대답이 아니며 전략적 대답은 더욱 아니다.

예를 들어, 세무 당국에서 세무조사를 나왔거나 감독 관청에서 감사를 나왔다고 하자. 그들은 실상을 파헤치려 예리하게 질문할 것이다. 그야말로 전략적 질문을 한다. 때로는 구두로 질문을 할 것이고 때로는 서면 답변을 요구한다(어떤 일에 관련된 서류를 제출하라는 것은 일종의 질문이요, 서류를 제출하는 것은 답변이 된다).

이럴 때 과연 'A+α'가 좋은 대답인가? 몽땅 까발려서 괜히 문제를 만들면 바보다. 알리지 않아도 될 정보를 대답에 담아서 그들이 또 다른 문제점을 파악하게 된다면 당신은 순진하고 착하고 솔직한 사람은 될 수 있을지 몰라도 스스로 무덤을 파는 결과를 가져올 것이다. 그렇게 되면 회사나 조직으로부터 '맹구' 취급을 당할 게 뻔하다. '천기'를 누설했으니까.

그럴 때는 'A-β'의 방식이 전략적 답변이 된다. 그럴 경우는 말수를 줄이는 게 요령이다. 왜냐하면 감사 또는 조사를 하는 사람은 답변에서 결정적 단서를 캐치하는 경우가 많기 때문이다. 답변자가 '이건 회사에 도움이 되는 긍정적인 정보'라 판단하여 자랑스럽게 이야기한 것에서도 문제점과 흠결의 단초를 발견할 수 있기 때문이다.

협상의 경우도 마찬가지다. 상대의 협상 조건과 비장의 카드를 알아내기 위해 안테나를 예민하게 작동시키고 있는 상대에게 쓸데없이 많은 말을 하며 'A+α'의 대답법을 사용할 수는 없는 노릇이다. 고객과의 관계에서도 말하지 않아야 할 것이 있다. 이렇게 이해가 상충될 수 있는 상대나 상황에서는 'A+α' 못지않게 'A-β'의 전략을 펼쳐야 한다.

우리가 자주 사용하는 말에 'PR'이 있다. 대중을 대상으로 이미지를 제고하고 제품을 널리 알리는 커뮤니케이션 활동으로 Public Relation의 준말이다. 즉, 홍보를 의미한다. 그러나 우리 식 발음 '피알'을 풀어서 '피할 것은 피하고 알릴 것은 알리는 것'이 홍보라고 우스갯소리로 해석하기도 한다. 그러나 이 말은 우스갯소리 이상의 의미가 있다. 특히 전략적 대답의 요령으로도 알맞다. 전략적 답변이야말로 '피할 것은 피하고 알릴 것은 알리는' 대답이다.

누군가로부터 질문을 받는 상황이라면 '피알'을 떠올려보자. 대답을 할 때 피할 것은 피하면서 알릴 것만 알리는 것, 이것이 전략적 대답이요, 그 요령이 바로 'A+α', 'A−β'다. 그리고 이것을 가리켜 '기존의 대답의 틀을 뛰어넘는' 대답이라고 하는 것이다.

질문에 대응하는 마음가짐

좋은 대답을 하기 위해서는 전략적 답변, 계산된 답변을 해야 한다. 그래서 'A+α' 'A—β' 같은 답변의 요령을 소개했다. 그러나 좋은 대답은 그런 공식만으로 해결되는 것은 아니다. 무엇보다도 질문에 대응하는 마음가짐을 평소에 정리해둘 필요가 있다. 다음의 것들을 마음속에 담아두고 질문에 응하자. 그러면 질문에 응하는 자세와 대답하는 방법이 달라진다.

첫째, 질문과 대답의 목적을 의식할 것. 대화할 때 잠깐만이라도 그것을 습관화하는 것이 좋다.

둘째, 질문을 받는다는 것은 자신의 일과 상황, 자신의 열정과 수고 등 자기를 제대로 알릴 수 있는 좋은 기회라 생각할 것.

셋째, 기존의 대답의 틀에 얽매이지 않고 상황에 맞게 적절히 말하겠다고 생각할 것.

넷째, 대답의 틀을 뛰어넘되 절대 오버하지는 않겠다고 다짐할 것. 지나치게 짧은 대답을 피해야 하는 것 이상으로 장황한 대답도 금물이다.

다섯째, 질문과 대답을 통해 상대와 더 좋은 관계를 구축하고 향상시키는 기회로 삼겠다는 마음을 가질 것.

'기존의 틀'을
뛰어넘을 것

전략적 대답, 즉 질문에 충실한 대답을 넘어서 대답하라면 아마도 이의를 제기하는 사람이 있을 것 같다. 현실을 모르는 처방이라고. 직장에서 상사에게 그렇게 대답할 수 있는 분위기가 아니라고 말이다.

나 자신의 직장 생활을 돌아보더라도 상사와의 관계에서 질문에 충실한 대답을 넘어 '+α'를 한다는 것은 쉬운 일이 아니다. 그랬다가는 상사로부터 더 많은 질문이 꼬리를 물고 이어질지 모른다. 빨리 대답을 끝내고 상사의 사정권(?)을 벗어나는 게 상책임을 경험으로 알고 있기 때문이다. 실제로 상사와 대화를 할 때면 빨리 대답을 끝내고 그 자리를 피하고 싶은 게 부하들의 공통된 심리이다. 상사 기피증과 대답공포증이 작동하는 것이다.

대답도 제대로 못 하면서

그런데 이걸 아시는지? 역설적이지만 그렇기에 대답법을 배워 잘 활용해야 한다는 것을. 기존의 발상을 바꾸자는 것이다. 그렇게 질문이나 상사를 피하기 위해 대답을 짧고 적게 하면 마음은 편할지 몰라도, 반면에 자기의 능력을 보여주고 상사와 더 나은 관계를 형성하는 좋은 기회를 놓치는 것이다.

오히려 대답에 적극적으로 나서야 한다. 조사나 감사를 받는 것이 아닌 한 '+α'의 대답을 통해 상사의 질문이 계속된다면 좋은 일 아닌가? 그것은 상사의 관심을 불러일으켰다는 의미가 되며, 상사와 더 많은 대화를 나눠 관계를 향상시킬 기회가 되니까 말이다.

● 말 많은 게 '+α'가 아니다

전략적 대답을 하려면 지금까지 우리가 신봉해왔던 커뮤니케이션의 틀, 대답의 틀을 뛰어넘어야 한다. 대답을 피할 것이 아니라 대답에 적극적으로 나서야 한다. 대답의 기회를 잘 활용해야 한다. 강조하지만 말을 많이 하는 게 전략적 대답은 결코 아니다. '+α'란 단순히 말을 많이 하라는 게 아니다. 예를 들어 부장이 K 과장을 불러 이런 질문과 대답이 오간다고 하자.

"어제 A회사에 잘 다녀왔어요?"
"예, 잘 다녀왔습니다. 영업 담당 상무님을 뵈었는데 점심을 같이하자고 하셔서 그렇게 했습니다. 종로 3가에 있는 일식집이었는데 음식이 비싸지 않으면서 정말 깔끔하고 맛있더라고요. 제가 한번 부장님을 모시겠습니다."

이쯤 되면 '+α'이기는 하지만 결코 좋은 답변이 아니다. 말만 많은 것이다. 부장이 궁금해하는 것은 '잘 다녀왔냐', 즉 무사히 다녀왔냐에 있는 것이 아니다. A사의 상무와 점심을 같이한 것이 중요한 것도 아니며, 종로 3가의 음식점에 관한 정보는 더더욱 아니다. 그럼에도 K과장은 공적인 질문에 사적인 대답을 하고 있다. 그것도 전혀 초점이 맞지 않는 대답을. 이렇게 되면 쓸데없이 말만 많은 것이요, 횡설수설한 것이 된다.

K과장만 그런 걸까? 의외로 우리도 이런 식의 대답을 하는 경우가 많다. 상사 앞에만 서면 갑자기 작아지기 때문일까? 아니면 당황해서 생각나는 대로 대답하거나 초점을 헷갈리고 엉뚱한 말을 하는 수가 많다. 질문의 핵심—부장이 궁금해하는 것—은 A사의 영업 담당 상무를 만나서 어떤 상담 결과를 이끌어냈는지에 있다. 덧붙여, 혹시 A사의 중역과 대화를 나누면서 우리가 알아야 할 좋은 정보가 있는지가 관심사다. 그것을 말해야 'A+α'가 된다.

대답법에 대한 개념이 없으면 좋은 토픽을 갖고도 자기를 홍보

할 수 있는 기회를 놓치고 만다. K과장의 대답은 대답의 틀을 뛰어넘은 대답도, 전략적 대답도 아니다. 차라리 "예, 잘 다녀왔습니다"라는 단답형 대답만 못 할 수도 있다. 만약 단답형으로 짧게 대답했다면 부장으로 하여금 "그래, 결과가 어떻게 됐소?"라는 추가적인 질문을 이끌어내며 부장의 궁금증을 파악할 수 있을 것이니 그것이 오히려 전략적이라 할 수 있다. 그런데 쓸데없는 말만 늘어놓음으로써 자신의 능력과 역량의 허술함만 드러내고 말았다.

당신이 회사에서 상사와 나누게 되는 비즈니스 질문은 대개 어떤 것들인가? 대개의 경우 회사의 상황과 업무의 범위, 상사의 관심사와 질문의 스타일에 따라 몇 가지 범주와 유형으로 정형화되어 있다. 그것을 곰곰이 머리에 떠올려보라. 그리고 그런 질문을 받았을 때 어떻게 전략적으로 대답할 것인지, 질문을 뛰어넘어 어떻게 말할 것인지 생각해보라. 상상 속에서 대답을 해보라. 평소에 그런 훈련과 준비가 되어 있다면 당황하거나 횡설수설하지 않고 자연스럽게 좋은 대답을 할 수 있게 될 것이다.

● 대답에 정보를 담아라

대답의 틀을 넘어서는 'A+α'에서 α란 결국 더 많은 정보를 말한다. 사람들은 정보에 예민하고 목말라 있다. 개인 간의 대화에서도 상대의 귀를 솔깃하게 하는 것은 정보다. 회사의 기밀에서부터 개인의 은밀한 정보까지. "너만 알고 있어"라고 말하는 순간 상대의 눈이 반짝일 것이다. 그리고 본능적으로 당신 쪽으로 몸을 기울일 것이다.

특히 조직의 상층부로 갈수록 정보에 민감하다. 상층부라는 곳은 자연스럽게 정보가 모이기 마련인데, 누가 더 '따끈따끈하고' 극비에 속하는 정보를 갖고 있느냐에 따라 영향력이 달라진다. 당신의 상사 역시 마찬가지다. 피라미드 구조의 조직에서 상층부에 머무는 상사는 조직 하부를 비롯하여 세상이 어떻게 돌아가는지 궁금하다. 부하들이 조직 상층부의 정보가 궁금하듯이.

신입 사원이나 초급 사원 시절에는 정보에 대한 중요성을 실감하지 못한다. 그러나 직장 생활을 해나갈수록 '정보'의 중요성을 절감하게 된다. 특히 지위가 높아지고 Top의 수준에 이르면 회사 내의 정보뿐만 아니라 사외의 정보, 경쟁사의 정보, 심지어 정부나 정치권의 정보까지 필요해진다.

또한, 자신의 잠재적 경쟁자들에 대한 이런저런 정보도 알고 있어야 한다. 표현이 적절하지는 않지만 적(敵)을 제대로 아는 일이야말로 승리의 관건이기 때문이다. 손자병법의 '지피지기 백전불태'(知彼知己 百戰不殆, 상대를 알고 나를 알면 백 번 싸워도 위태롭지 않다)는 정보의 중요성을 한마디로 웅변한 것이다.

부하와의 대화에서 상사가 가장 솔깃해하는 부분은 정보에 관한 것이다. 심지어 자신의 평판에 대한 정보까지 포함하여. 그런 정보는 따끈따끈한 최신의 정보, 귀한 정보일수록 상대의 관심을 높이게 된다. 그런 정보를 제공해주는 사람이야말로 대화의 상대자로 제격이다. 당신도 그렇지 않은가?

대면하고 있는 부하가 대답을 하면서 시시껄렁한 잡담이나 늘어놓아 보라. 시간이 아깝고 짜증이 날 수도 있다. 따라서 상사의 질문에 답할 때에는 가능한 한 여러 정보를 담는 것이 좋다. 그것이 대답의 틀을 뛰어넘는 전략적 대답의 요령이다.

당신과의 대화를 통해 뭔가 색다른 정보, 유용한 정보를 얻을 수 있어야 상사는 당신과의 대화를 좋아하고 만남을 기대하게 된다. 당신에 대한 호감과 평가가 높아짐은 물론이다.

상사에게 '좋은 정보 제공자'가 되는 10가지 방법

1. 상사가 어떤 부분에 관심을 보이는지, 중요 관심사에 대한 정보를 당신이 먼저 알아야 한다.

2. 상사는 의외로 정보에 대한 갈증이 심하다. 상사에게 도움이 될 정보를 포착할 안테나를 높여라.

3. 풍문 따위를 모아 전달하는 얼치기 정보원이 되지 마라. 유용한 핵

심 정보를 제공할 수 있어야 상사가 당신을 자주 찾는다.

4. 회사 안팎 사정이 어떻게 돌아가는지에 관해 정확히 말할 수 있는 사람이 되어라. 상사로 하여금 오판하게 해서는 안 된다.

5. 사람에 관한 정보가 으뜸이다. 상사에게 도움이 되는 중요한 인맥의 연결 고리를 찾아주어라.

6. 때로는 경영 또는 리더십에 도움이 될 국내외의 고급 정보를 제공하라.

7. 정보를 전달할 때 객관적인지를 냉정하게 재삼 확인하여 정확한 정보원이 되어라.

8. 상사에게 제공한 정보로 인해 자칫 남에게 피해가 가지 않도록 조심하라. 그것은 결국 당신 자신에게 피해로 돌아온다.

9. 정보원이 되는 것은 좋으나 여기저기 말을 퍼뜨리고 다녀서 '트러블 메이커'가 되면 끝장이다.

10. 가끔은 상사 자신에 대한 평판이나 정보를 제공하는 것이 좋다. 그러나 상사도 보통의 인간임을 잊지 마라. 마음 아파할 정보는 잘 순화시켜 전달하는 요령을 발휘해야 한다.

— 나의 책 《비서처럼 하라》 중에서

전략적 답변의
구성

전략적 답변의 구체적인 구성에 대하여 알아보자. 우리는 글을 쓰거나 말을 할 때 기승전결(起承轉結)이라는 용어를 많이 사용한다. 이는 원래 동양의 전통적인 시작법(詩作法)으로 시를 쓸 때의 구성법을 지칭하는 것이었다. 그러나 요즘은 시뿐만 아니라 글쓰기의 구성 전략에도 두루 적용한다. 즉, 문장 구성의 4단계로서 서론(序論) · 설명(說明) · 증명(證明) · 결론(結論)을 의미하는데 글뿐만 아니라 말을 할 때도 이런 4단계를 적용해야 한다는 것이다.

그러나 대답법은 시작법이나 문장 구성법과 다르다. '기승전결' 식으로 말하는 방식을 '미괄식(尾括式)'이라고 하는데 대답법은 '두괄식(頭括式)'으로 해야 하기 때문이다.

미괄식이니 두괄식이니 하는 것은 학창 시절에 이미 배웠다. 미괄식은 배경이나 이유, 데이터 등을 제시하면서 결론으로 다가가는 방식이다. 우리가 잘 아는 3단 논법이 이에 해당되는데 차분하고 순리적인 구성이기는 하지만, 자칫 장황해져서 듣는 이로 하여금 지루함과 짜증을 느끼게 하기 쉽다. 답변을 할 때는 이 방식을 피해야 함은 물론이다.

두괄식은 답변이나 보고, 심지어 입사 시험을 치를 때 면접에서 특히 강조되는 화법으로 결론부터 말하고 그 후에 설명을 하는 방식이다. 두괄식으로 말하면 자기의 생각과 의견을 분명하게 나타낼 수 있고 내용이 깔끔하게 잘 정리되었다는 인상을 줄 수 있다. 또한, 결론을 숨겨두고 질질 끄는 것이 아니기에 명쾌한 대답이 될 수 있다.

두괄식은 제한된 시간에 효과적인 답변을 하는 데 좋으며 결론을 먼저 말하기 때문에 상대가 곧바로 동의할 때는 배경이나 데이터 등 그 이후의 설명을 길게 말하지 않아도 되는 장점이 있다. 두괄식 답변의 구성을 좀 더 구체화시킨 답변 구성법이 내가 주장하는 '결전토정'이다.

● '결전토정'으로 답하자
첫째는 '결론'이다.

질문에 대한 직접적인 답변, 즉 결론이 먼저 나와야 한다. "요즘 그 업무가 어떻게 되고 있소?"라고 질문을 했다면 답변은 일단 "잘되고 있습니다"라거나 "아직 미결인 상태입니다"라는 식으로 결론을 말한다. 그러지 않고 이런저런 경과와 사정을 먼저 말하게 되면 "결론이 뭐요?"라며 재촉을 받게 될 것이다. 특히 우리나라 사람들은 성격이 급하다는 사실을 잊지 말도록. 상사는 더욱더 그렇다.

둘째는 '전개'의 단계다.

이미 결론을 말했으니 그 결론을 뒷받침할 만한 논리를 전개해야 한다. 질문자의 이해를 돕는 부가적 설명이 이에 해당한다. 앞에서 결론, 즉 "잘되고 있습니다"라고 대답했다면 "일단 A사와 협력하기로 MOU를 체결했습니다. 그리고 다음 달 5일에 상무님을 모시고 정식 협약을 맺게 됩니다." 이렇게 전개를 하는 것이다.

셋째는 '토픽'의 단계다.

사실 앞의 '결'과 '전', 즉 결론과 전개만으로 대답이 끝날 수 있다. 그렇게 해도 무방하다. 그러나 질문자의 관심을 끌어내어 업무에 협력자가 되게 하려면, 또는 답변자의 능력과 활약을 어필하기 위해서는 한발 더 나아가는 것도 좋다. 즉, '토'—'토픽(topic)'을 말한다. 업무를 추진하는 과정에서 발생한 이야깃거리를 말하는 것이다.

예를 든다면, "이번 계약을 성사하는 과정에서 A사의 사장님을 뵙게 되었는데 우리의 프로젝트에 관심이 많으셔서 기회 있을 때 프레젠테이션을 해달라고 하셨습니다."

이런 식이다.

넷째는 '정보'의 단계다.

질문자의 호기심을 불러일으킬 수 있는, 또는 관심사와 관련된 흥미 있거나 유익한 정보를 말한다. 예를 들어 "그런데 그 사장님이 상무님과 같은 고향 분이시더라고요" 하는 식이다. 그런 정보에 상무는 당연히 귀가 솔깃할 것이다.

이 단계는 '토픽'과 비슷할 수 있는데, 토픽은 질문의 내용과 관련성이 높은 화제나 뉴스인 데에 반해 여기서의 '정보'란 직접적인 관련성이 적은 내용이다. 그러기에 억지로 만들어서 대답에 포함시킬 필요는 없다. 마땅한 정보가 없으면 이 단계는 생략해도 된다.

잊지 말자, '결전토정'.

대답도 제대로 못 하면서

내용의 전략과
시간의 전략

전략적 답변은 크게 두 가지로 나눌 수 있다. 하나는 '내용의 전략', 즉 답변 내용의 전략적 구성으로 앞에서 다룬 'A+α'나 'A−β' 그리고 '결전토정'이 그것에 해당한다. 다른 하나는 '시간의 전략'으로 길게 말할 것인가, 짧게 말할 것인가의 문제다. 내용의 전략은 앞에서 다루었고, 어쩌면 이 책의 내용 대부분이 내용의 전략에 해당된다 할 수 있다. 여기서는 시간의 전략에 대하여 알아보자.

《새로운 미래가 온다》등의 베스트셀러로 우리에게 잘 알려진 세계적인 미래학자 다니엘 핑크(Daniel Pink)는《파는 것이 인간이다(To Sell is Human)》(김명철 옮김, 청림출판, 2013)에서 우리는 누구나 할 것 없이 무엇인가 판매하고 있다고 했다. 그것을 가리켜 물건을 판매하는 세일즈에 대비하여 '비판매 세일즈'라고 이름 붙였다.

우리가 무엇을 파느냐고? 자기의 명성을 알리고, 투자자를 설득하고, 상사에게 자신의 주장을 펴고, 프레젠테이션을 하고, 이유를 납득시키고, 의사 결정에 영향을 미치는 등의 행위 모두가 결국은 세일즈 행위라는 것이다.

이런 '비판매 세일즈'의 요령 중 하나로 그가 주장한 것에 '엘리베이터 피치'라는 것이 있다. 엘리베이터 피치(elevator pitch)란 로켓 피치라고도 하는데 엘리베이터에서 중요한 사람을 만났을 때 자신의 생각을 짧은 시간에 제대로 전달하는 것을 말한다. 화술에서 다루는 '엘리베이터 스피치'와 같은 의미다(피치와 스피치가 잘 어울린다).

● 엘리베이터 스피치 방식 적용하기

잘 알다시피 엘리베이터 스피치(elevator speech)란 엘리베이터에 타서 내릴 때까지의 짧은 시간(1분도 채 안 될 것이다)에 상대의 마음을 사로잡을 수 있도록 말하는 것이다. 이는 대답법에도 그대로 적용된다. 엘리베이터가 쏜살같이 내려가는 또는 올라가는 짧은 시간에 적절한 대답을 하려면 어떻게 해야 할까? 군더더기 말을 할 틈이 없다.

대답도 제대로 못 하면서

전략적 답변이야말로 '엘리베이터 피치' 또는 '엘리베이터 스피치'를 염두에 둘 필요가 있다. 전략적 답변이란 꼭 내용만의 문제가 아니다. 상대의 심리를 읽어 짧은 시간에 답하는 것도 그것 못지않게 중요하다. 조급증이 심한 한국인에게는 더욱 그렇다. '결전토정'이라는 '내용의 전략'도 중요하지만, 대답을 듣는 질문자의 심리를 헤아려 가능한 한 최소한의 시간에 간결하고 효과적으로 할 말을 다 하는 '시간의 전략'도 함께 구사해야 한다.

만약 내용에만 중점을 두어서 이야기를 전개하다가 상사가 "지금은 바쁘니까 그건 나중에 듣겠네"라고 한다면 시간적 전략에 실패했다고 볼 수 있다. 그렇기에 상사의 질문에 대답하는 사람은 엘리베이터 속에서 한다는 심정으로 요령 있는 답변을 해야 한다. 그렇다고 정말로 모든 답변을 엘리베이터 스피치의 형태로 하라는 것은 당연히 아니다. 상황을 고려하여 내용의 전략과 시간의 전략을 적절히 병행하라는 말이다. 내용의 전략과 시간의 전략을 병행하는 답변의 요령은 다음과 같다.

첫째, 간단명료하게 말할 것.
상사는 바쁘다. 고위 경영진일수록 더욱 그렇다. 그 점을 고려한다면 대답은 간단명료해야 한다. 즉석 질문과 대답이 아니라 대답을 준비할 시간의 여유가 있다면 자신의 생각을 체계적으로 정리하고 요점을 압축해야 한다.

둘째, 문제점이 아니라 해결책을 말할 것.

상사가 듣고 싶어 하는 것은 해결책이지 문제 제기가 아니다. 만약 문제점이 있다면 당연히 대답자 입장에서의 긍정적인 해결방안이 제시되어야 한다.

셋째, 맥락을 공유할 것.

과제의 결과나 진척 상황 등 일의 맥락을 충실히 설명하여 공유하면 상사의 지지와 인정을 받을 확률이 더 높아진다.

말 같지 않은 질문에 대처하는 법

"김 대리, 남편이 채식주의자라고? 남자가 고기를 안 먹으면 허약해서 어디에 쓰겠어?"

"김 대리, 내일 프레젠테이션 준비는 다 됐어? 기왕이면 옷은 미니스커트가 어떨까?"

회식 자리에서 부장이 농담이랍시고 질문의 형태로 내뱉은 말이다. 이런 말을 들으면 속이 뒤집어져 뺨이라도 한 대 갈기고 싶어질 것이다. '이

대답도 제대로 못 하면서

걸 성희롱으로 걸어 말아?' 이런 생각도 들겠지만 대놓고 정색하는 일도 쉽지 않다. 독일 최고의 커뮤니케이션 전문가 바바라 베르크한(Barbara Berckhan)은 이런 경우에 '난 아무렇지도 않다'는 태도를 보이며 다음 과 같이 짧고 간결한 대답으로 넘어가는 것이 효과적이라 했다.

"그러게요."

"그렇군요."

"그럴까요?"

"그래서요?"

이렇게 대꾸할 때는 약간 명랑하게 그리고 가벼운 말투가 좋다. 속으 로는 웃음, 아니 욕을 삼키면서. 이 전략을 사용하면 대답자가 우위에 올라서게 된단다. 이것은 상당히 단수가 높은 전략적 대답이다. 이 전략 은 대화 상대방(질문자 또는 공격자)이 대화에서 우위를 차지하여 이득 을 보도록 두지 않고 대답자가 낮은 위치에서 오히려 높은 위치로 올라 가는 전략이 된다. 동시에, 함부로 말하는 사람 때문에 상처받지 않는 대화의 기술이기도 하다.

— 바바라 베르크한, 《도대체 왜 그렇게 말해요?(Ach was?)》, 강민경 옮김, 가나출판사, 2018

좋은 대답을
하는 법

온라인 취업 사이트 '사람인'이 직장인을 대상으로 조사를 했다. "직장에서 대충 하는 일이 있습니까?"라고 설문을 던졌는데 약 60퍼센트의 직장인이 "그렇다"라고 대답했다. 그런데 그 '대충 하는 일'에서 1위로 나타난 것이 무엇인지 아는가? 흥미롭게도 '상사의 질문에 대답하기'였다. 즉, 상사가 질문을 하면 '대충 한다'는 말이다. 어떤가? 당신은 상사의 질문에 어떻게 대답하는지 비교해보자.

상사의 질문에 깊은 생각이나 용의주도한 계산이 없이 생각나는 대로 대충 대답하면 어떤 일이 일어날까? 중요한 사실은 그 '대충'이 상대에게 전달된다는 점이다. 성의 없음을 상대방이 눈치챈다는 말이다. 설령 대답법의 요령을 배우지 않았더라도 진실한 마음으로 성의를 다해서 대답을 하면 그 또한 상대가 알아차린다. 상사는 그 성실성을 꿰뚫어 느끼게 되는 것이다.

상사의 질문과 그에 대한 대답, 어쩌면 이것이 직장에서 일어나는 상사와 부하 간의 커뮤니케이션 중 상당한 비중을 차지할 텐데 그것을 대충 한다면 자기를 알리고 마케팅할 좋은 기회를 대충 날려버리는 셈이 된다. 따라서 좋은 대답이란 무엇인지를 알고 그것에 맞춰 대답하기를 실천해야 한다.

● 좋은 대답이란 이런 것
첫째, 질문의 요지에 초점을 맞춘 대답이다.
상사가 묻고자 하는 핵심을 제대로 알아야 한다. 말없이 사무실에서 사라진 부하에게 상사가 "어제 어디 갔었나?"라고 묻는다면 이 질문의 요지는 무엇인가? 질문 그대로 해석하여 "광화문에 갔습니다"라고 대답한다면 멍청한 사람이다.
상사는 당신의 행선지가 궁금한 게 아니다. 왜 말없이 사무실에서 사라졌는지 그 이유를 묻는 것이다. 질문의 요지를 알고 그것에 초점을 맞춰서 대답해야 하는 것은 당연하다.

둘째, 빈틈없는 대답이다.

결론 중심, 요점 중심으로 대답한다고 해서 무조건 짧게 하거나 논리적 바탕을 생략해서는 안 된다. 오히려 그 반대다. 결론 중심, 요점 중심일수록 대답의 내용과 논리의 구성은 더 탄탄해야 한다.

정보를 짧게 전하려 하다 보면 상대방이 알아야 할 내용을 빠뜨릴 가능성이 크다. 따라서 대답을 할 때는 상사가 알아야 할 필요한 정보, 핵심 정보가 누락되지 않도록 유의해야 한다. 만약 대답에 빈틈이 많아지면 상대는 많은 질문을 통하여 그것을 보충하려 할 것이다. 그럴수록 당신의 대답 능력은 떨어지는 게 된다.

셋째, 정확한 대답이다.

대답을 얼렁뚱땅 넘어가는 식으로 해서는 안 된다. 얼버무려서도 안 된다. 확인되지 않은 사실을 잘못 대답했다가는 돌이킬 수 없는 난처한 입장에 처하게 될 수 있다. 그런 대답은 치명타가 될 수 있다. 신뢰성을 상실하게 되는 것을 넘어 큰 사고와 연결될 수도 있다. 대답은 뭐니 뭐니 해도 정확해야 한다.

넷째, 근거를 제시한 대답이다.

정확한 대답을 위해서, 그리고 설득력을 높이려면 무엇보다도 근거를 제시하여 대답을 뒷받침해야 한다. 특히 구체적인 숫자를

대답도 제대로 못 하면서

인용하는 것은 대답의 권위를 확실히 높여준다. 숫자만큼은 바꿀 수 없는 확실하고 분명한 것이라는 인식을 지니고 있기 때문이다. 대화할 때 숫자를 섞어서 말하는 사람을 보면 확실하고 분명한 사람으로 보이는 것도 그 때문이다. 그러면 훨씬 더 강렬한 인상을 남길 수 있다.

다섯째, 이해하기 쉬운 대답이다.

전문용어를 동원하면 대답의 권위를 높이는 대신 자칫하면 상대를 곤혹스럽게 할 수 있다. 대답 중에 나온 어떤 용어가 무슨 의미인지 알 수 없지만, 질문을 하자니 상사가 '그것도 모르냐?'라고 할까 봐 질문도 못 하고 만다. 특히 젊은 신세대 직원이 나이 많은 상사에게 최근에 유행하는 신세대 용어, 또는 IT 관련 전문용어를 함부로 사용하는 것은 피해야 한다. 일반화되지 않은 전문용어를 사용할 때는 상대방을 '어린아이 취급'하지 않으면서 쉽게 풀어서 대답하는 지혜가 필요하다.

여섯째, 군더더기 없는 대답이다.

설명을 하거나 정보를 제공하는 과정에서 괜한 장광설을 펼쳐서는 안 된다. 수다로 흘러서도 안 된다. 상사가 분위기를 누그러뜨리고 일반적인 대화로 전환하기 전까지는 대답자가 먼저 그런 태도를 보이는 것은 삼가야 한다.

일곱째, 앞을 내다본 대답이다.

이 부분이 의외로 중요하다. 대답만 잘한다고 모든 게 끝나는 것이 아니다. 대답을 할 때는 그 대답으로 인하여 앞으로 어떤 상황이 전개될지 예측하고 대답해야 한다. 예컨대, 상사가 잘못된 통계를 갖고 당신을 추궁할 때, 이를 바로잡아 정확한 대답을 하는 것은 좋지만 상대를 머쓱하게 하는 것은 지혜롭지 않다.

대답은 정확히 했지만 결국 감정의 문제로 비화할 수 있다. 비합리적이지만 그것이 인간관계의 어려움이다. "그건 틀렸습니다"라고 딱 잘라 말하기보다 "다시 확인해서 말씀드리겠습니다"라고 슬쩍 물러서주는 지혜가 필요할 때도 있다.

당신의 대답이 앞으로 어떤 일과 관련될지, 어떤 문제를 야기할지 생각하며 대답해야 한다.

대답에 대한
잘못된 인식

우리는 비즈니스 대화가 아닌 일반적인 대화에서 대답의 요령을 벗어난 대답을 곧잘 한다. 예를 들어 상대가 "요즘 어떻게 지내?"라고 물으면 간단히 "잘 지내"라고 말하는 이도 있지만 자기의 근황을 장황하게 풀어내기도 한다. 때로는 질문의 핵심과는 전혀 상관없는 이야기로 이어진다. 그것을 가리켜 수다라고도 한다.

반면에 비즈니스 대화에서는 '짧고 간단하게'가 '대답의 법칙'과 '대답의 틀'로 각인되어 있다. 이쯤에서 우리가 갖고 있는 '대답'에 대한 몇 가지 잘못된 인식이 무엇인가를 돌아보자. 그 오해를 풀어야 좋은 대답이 무엇인지 답이 나온다.

● 대답에 대한 5가지 오해

첫째는 '대답은 짧게 간단히 요점만'에 대한 오해.

'짧고 간단히 요점만'은 지금까지 우리가 신봉해왔던 대답의 틀이었다. 직장 생활에서 대답과 관련하여 가장 많이 듣는 말이다. 그 말 자체가 잘못된 것은 아니다. 문제는 '짧고 간단히'의 의미를 잘못 받아들이고 있다는 점이다. 그저 짧고 간단하기만 하면 되는 게 아닌 것은 상식이다. '짧고 간단히' 하되 충실한 대답을 해야 한다. 담아야 할 내용은 다 담아야 한다. 그렇지 않은가?

말해야 할 내용, 알려야 할 사항을 모두 담으면서도 짧고 간단히 요점만… 그렇기에 대답법이 까다롭다. 지금까지 신봉해왔던 대답의 틀을 깨고 새로운 대답법의 틀을 익혀야 하는 이유가 여기에 있다.

둘째는 '대답은 질문에 충실히, 묻는 말에만 답해야 한다'는 오해.

생각해보면 질문을 하는 사람은 대답하는 사람에 비해 상황을 제대로 알지 못하는 수가 많다. 다른 정보는 많이 알고 있을지라도 질문하는 부분에 대한 정보는 부족하기에 질문하는 것이다. 따라서 질문에 충실히 대답하라는 것은 질문한 것만 대답하라는 의미가 아니다. 질문한 사람이 미처 생각하지 못한 부분을 대답에 담아야 한다.

대답도 제대로 못 하면서

마찬가지로 '묻는 말에만 답해야 한다'는 것도 질문자에게 필요한 정보가 있음에도 입을 다물라는 것이 아니다. 질문의 핵심을 벗어나 질문자가 알 필요 없는 잡다한 이야기, 쓸데없는 소리를 하지 말라는 것이다.

셋째는 '대답은 수동적'이라는 오해.

이는 '묻는 말에만 대답하라'는 것과 연결된다. 또한, 질문이 있어야 대답이 있다는 평범한 관점에서 그렇게 생각하는 것 같다. 실제로 상사가 질문을 해야 그에 따라 대답하게 되지만 조금만 생각을 달리하면 대답을 통하여 적극적으로 대화를 리드할 수 있다. 계속 관심을 기울이고 질문이 이어진다면 대답이 오히려 능동적이요, 주도적인 게 된다. 대답할 수 있는 기회를 잘 활용하겠다고 생각을 바꿔야 한다.

넷째는 '질문이 대답을 낳는다'는 오해.

맞다. 질문이 대답을 이끌어내는 것은 당연하다. 그러나 우리가 그런 대답의 틀 속에 갇혀 있다는 게 문제다. 대답을 통하여 상대의 질문이 살아나고 또 다른 질문을 이끌어낸다는 발상의 전환이 필요하다. 그것이 바로 전략적 대답이요, 대답의 틀을 깨는 대답이다.

다섯째는 '대답은 질문을 완결 짓는 것'이라는 오해.

대답을 함으로써 대화가 끝나는 것으로 생각한다. 질문과 대답이라는 대칭적 사고로 보면 그게 맞을 수 있다. 그러나 대답을 통해 보다 더 내실 있고 결실 있는 대화가 시작되는 것이라고 생각을 바꿔야 한다. 한 걸음 더 나아가 대답을 통해 그 순간의 대화는 끝날지 몰라도 '관계'의 여운(그것이 좋은 방향이든 반대이든)은 오래 지속될 수 있다. 이 부분이 대답법을 배워야 하는 이유의 하나가 된다.

"쓸데없는 소리 마라"
라고?

    대답법을 다루면서 전략적 대답, 대답의 틀을 깨는 대답을 강조하다 보면 이렇게 항변하는 사람이 있을 것 같다. 상사에게 그렇게 길게 말했다가는 당장 "결론만 말해요" "요점이 뭐요?"라는 짜증 섞인 반응이 나올 것이라고. 그래서 비즈니스 대답과 관련하여 지금까지 금과옥조처럼 여겼던 것이 '결론만 간단히', '짧게 요약해서'다. 이것은 두괄식 대답법과 연관이 있다.

    이런 규칙(?)이 고착화된 것은 다름 아니라 비즈니스에서 상사와의 대화는 대등한 입장에서의 대화라기보다 '보고'라는 측면이 강하기 때문이다. 보고의 요령이 바로 '결론만 간단히' '짧게 요약해서'이니까. 그래서 부하가 상사에게 보고하거나 결재를 받을 때 늘 머릿속에 떠올리며 스스로 다짐하는 지침이 바로 그것이다.

자고로 보고는 간단명료해야 한다고 배웠다. 요점만 말하라는 거다. 두괄식 보고를 훈련받았다. 그런 요령과 지침은 자연스럽게 '대답'에 적용되는 원칙이 되었다. 상대의 질문에 밀접한 관계가 있는 대답, 즉 질문에 충실한 대답을 우리는 예전부터 교육받고 훈련받은 것이다. 심지어 상사들 중에는 "묻는 말에만 대답하라"라며 윽박지르는 사람도 없지 않다. 요즘은 덜하지만 내가 직장 생활을 할 때는 그런 폭군 같은 상사가 적지 않았다. 설령 윽박지르지는 않더라도 내심 그런 심리가 작동하도록 분위기를 몰아가는 게 현실이다.

보고(대답)를 하는 부하로서 '쓸데없이' 주절주절, 중언부언했다가는 자기를 돋보이는 것은 고사하고 본전 찾기도 힘들다. 질문에 대한 직접적인 대답 외에 자기를 어필할 수 있는 정보 따위를 덧붙여 말하다가는 '쓸데없는 소리를 한다'는 눈총을 살 수 있다. 보고를 받는 상사의 입장에서는 빨리 결론을 알고 싶고 그 외의 이야기는 별로 듣고 싶지도 않다. 결론을 알고 난 후 더 알고 싶은 게 있으면 질문을 통하여 파악하면 되니까. 그러니 결론 외에는 '쓸데없는 소리'가 되는 것이다.

● 듣는 사람의 인식 전환이 필요

그러나 사실은 '쓸데없는 소리'에도 상사에게 도움이 되는 귀

대답도 제대로 못 하면서

중한 정보가 있다는 것을 알아야 한다. 우리가 대화를 할 때도 꼭 '쓸데 있는 소리'만 하는 것은 아니잖은가? 오히려 잡담을 하고 수다를 떨면서 생활의 지혜를 얻고 때로는 결정적 힌트를 얻기도 한다.

따라서 무엇보다도 먼저 대답을 듣는 사람, 즉 질문자 스스로가 대답이나 보고에 대한 인식을 바꿔야 한다. 상사의 인식 전환이 절대로 필요하다. 묻는 말에만 대답하라는 의식이 머릿속에 있는 한 질문과 대답의 생산적인 효용은 불가능해진다.

질문을 하는 상사의 지위에 있는 사람은 틀을 뛰어넘는 대답의 효용을 인정해야 한다. 부하가 전략적 대답, 대답의 틀을 뛰어넘어 더 많은 정보를 말할 수 있게 해야 한다. 그것은 곧 상사 자신에게 도움이 된다. 부하의 대답을 통해 좋은 정보를 얻을 수 있고, 아이디어를 얻으며, 때로는 문제의 해답을 찾을 수 있을 것이니까.

깊은 생각 없이 지금까지 신봉해왔던 '결론만 간단히' '짧게 요약해서'가 소통을 방해하는 것을 넘어 직장 문화를 경직시키고 창의성을 말살시키며 더 나은 아이디어를 도출하지 못하는 최대의 장애라는 인식을 가져야 한다. 오히려 단답형으로 대답을 끝내는 부하에게 끈질긴 질문을 통해서 그들의 말문을 열게 하는 지혜를 발휘해야 한다. 부하가 쓸데없는 것 같은 이야기도 스스럼없이 대답에 포함시켜 말할 수 있게 해야 한다. 그것이 바로 요즘 크게 강조되는 '소통'이다.

소통이란 게 별것 아니다. 질문과 대답이 소통의 전형인데 무슨 말이든 할 수 있어야 소통이 된다. '쓸데없는 소리'란 결국 상사의 판단이다. 부하로서는 '쓸데 있는 말'이기에 여러 이야기를 하는 것이다. 그런데 그걸 막는다?

쓸데 있는 소리인지 쓸데없는 소리인지는 들어봐야 알 것 아닌가? 얼핏 듣기에 쓸데없는 소리 같아도 그것을 어떻게 해석하고 받아들이느냐에 따라 소중한 쓸데 있는 말이 될 수도 있다. 마치 모래 속에서 금을 발견하는 것처럼.

상사가 대답을 듣는 기존의 인식과 틀을 깨는 한편으로, 대답하는 사람은 자신의 대답이 정말로 쓸데없는 소리는 아닌지 냉정히 판단하여 요령 있는 대답을 해야 함은 물론이다.

새로운 기준이
필요하다

우리는 어렸을 때부터 적게 말하도록 교육받았다. 내가 어린 시절에는 식사하면서 말을 하는 것을 금기시했다. 밥을 먹으면서 대화를 하면 부모님께 혼쭐이 났다. 자라서 학교에 다닐 즈음에는 "말이 많으면 간첩"이라거나 "말을 잘하면 사기꾼"이라고 했다.

그런데 요즘은 어떤가? 묵묵히 식사만 하는 사람은 전혀 매력이 없다. 소화가 잘 되지도 않는다. 천천히 빵을 뜯으면서 때로는 와인 한 잔을 놓고 한두 시간씩 대화를 나누는 서양의 문화가 알게 모르게 우리에게도 들어와 있는 것 같다. 대화의 틀이 바뀐 것이다.

마찬가지로 상사와 부하 간에 이루어지는 비즈니스 커뮤니케이션의 틀도 바뀌어 가고 있다. 소통이 강조되면서 부하의 말에 귀를 기울이라고 한다. '야자 타임'이라는 것까지 운영하며 '계급장 떼고' 화끈하게 대화할 것을 주문한다. 그런데 겉으로 나타나는 것과는 달리 실제로 상사와 부하 간에 격의 없는 대화가 오가고 있는지는 미지수다. 그럼에도 불구하고 머지않아 상사와 부하 간에 스스럼없이 대화하고 토론하며 결론을 만들어 가는 문화가 정착될 것이다. 아니 빨리 그래야 한다.

상사와 부하 간에 질문하고 대답하는 과정은 단순한 커뮤니케이션이 아니다. 질문과 대답을 통하여 대화가 풍성해지고 생각지도 못했던 아이디어를 얻기도 한다. 한 단계 성숙된 결론을 이끌어낼 수도 있다. 질문과 대답이 꼬리에 꼬리를 물고 진행되다 보면 나중에는 기막힌 아이디어를 얻게 되기도 한다. 따라서 지금까지 묵시적으로 이행해왔던 질문에 대한 답변의 수칙 '결론만 간단히' '짧게 요약해서'의 참뜻을 새롭게 정립할 필요가 있다.

● '짧게 요점만 간단히'의 참뜻

'결론만 간단히', '짧게 요약해서'라는 비즈니스 대화의 지침은 틀린 것이 아니다. 질문을 뛰어넘는 대답이라고 해서 대답의 원칙을 '길게 자세히' '상황 설명을 소상히'라고 할 수는 없지 않은가?

문제는 '결론만 간단히' '짧게 요약해서' 말하되 할 말은 다 해야 한다는 것을 잊어서는 안 된다. 결론만 간단히 말하라고 해서

"예스", "노"만 말하라는 것은 아니다. 짧게 요약하라고 해서 핵심을 빼라는 의미도 아니다. 간단명료하게 요점만 말하되 할 말은 다 해야 한다.

할 말을 다 하지 못하는 대답은 '결론만 간단히' 말한 것도 아니며, '짧게 요약해서' 말한 것도 아니다. 그건 대답을 충분히 하지 못한 것이요, 요령 없이 대답했다는 의미가 된다.

"이번에 개발한 상품이 잘 팔립니까?"

"잘 팔립니다."

상사의 질문에 이렇게 대답한다면 결론만 간단히 말한 것이 아니다. 질문을 한 사람은 당연히 어느 정도, 어느 지역에서, 어떤 사람들에게 잘 팔리는지 여러모로 궁금할 것이다. 그 질문은 그런 것까지 묻고 있는 것이다. 그러니 '결론만 간단히' '짧게 요약하여'라는 원리는 필요한 정보를 모두 담되 장황하게 말하지 말고 심플하게 말하라는 의미가 담겨 있다. 그러니까 '결론만 간단히, 짧게 요약하여, 충분히'가 된다. 그렇지 않은가?

간략히 요점만 말하기에는 상당한 기술이 필요하다. 오히려 장황하게 대답하는 것이 훨씬 쉽다. 마음 가는 대로 떠들면 되니까 말이다. 대단한 센스와 더불어 자기 업무에 대한 지식이 분명해야 간략히 말할 수 있다. 생각나는 대로 모두 말한다면 어쩔 수 없이 장황해진다. 결론만, 간략히 요약하여 말하려면 평소에 어느 정도의 훈련이 필요하다.

그래서 비즈니스 대화를 할 때는 자기 자신에게 다음과 같은 질문을 스스로 던져서 '충분하면서도 간략히 요점만' 말하고 있는지 살펴봐야 한다.

"질문의 진짜 핵심은 뭐지?"

"과연 어떤 대답을 듣고 싶어 하는 거지?"

"내가 말하고자 하는 것의 요점은 무엇이지?"

"결론은 뭐지?"

"질문자의 의도에 맞는 핵심적인 대답은 무엇이지?"

"한마디로 줄이면 뭐라고 말할 수 있지?"

"꼭 드릴 말씀은 뭐지?"

"나의 의견과 주장은 뭐지?"

태도가 답변만큼
중요하다

우리나라 공기업의 사장으로 일할 때다. 피감사기관으로서 국회에서 벌어지는 국정감사를 받아야 했다. 당연히 사장이 업무 보고를 해야 했는데, 당시 TV의 인기 코너였던 〈말말말〉에 나의 발언이 소개될 정도로 관심을 끌었다. 쑥스러운 자랑(?)이 되겠지만 그만큼 의미 있는 대답을 잘했다는 증거라 할 수 있다.

며칠 동안 국회에 출석하면서 소속 상임위의 국회의원들과 안면을 익히게 되었고 휴식 시간에는 개인적인 농담도 나눌 정도가 되었다. 분위기가 좋아졌다는 말이다.

마지막으로 종합감사를 받던 날, 국회의원 한 사람이 보충 질문이 있다면서 나를 발언대에 서도록 했다. 그런데 아마도 나의 답변 태도가 마뜩지 않았던 모양이다. 그동안 분위기가 좋아진 것에 취하여 나의 태도가 흐트러졌던 것 같다. 질문을 하던 국회의원이 갑자기 언성을 높였다.

"자세를 똑바로 하세욧!"
"왜 실실 웃으면서 말해욧!"
"답변 태도가 그게 뭐욧!"

대충 그런 호통이었다. 솔직히 그렇게까지 무너진 태도를 보인 건 아니었는데 뭔가 심기가 불편했던 것 같다. 그러나 어쩌겠는가? 나의 태도가 그런 호통을 불러일으킨 원인이자 단초를 제공한 것이니 말이다.

이렇듯 국회의 청문회라든가 국정감사장에서 답변의 내용이 아니라 태도를 갖고 호통치며 몰아붙이는 장면을 TV 뉴스 등을 통해서 많이 보았을 것이다. 흔히 볼 수 있는 장면이다.

얼마 전 '갑질 횡포'를 했다며 문제가 된 어느 회사의 고위직 임원이 국회의 상임위원회에 출석한 것을 TV로 봤는데 모 국회의원이 큰 소리로 분노를 폭발하고 있었다. 아예 반말로 몰아붙이기까지 했다.

"국회에 나와서 태도가 왜 그 모양이야. 그렇게 오만방자하니 사원들에게 갑질이나 해대지."

그 장면을 보고 지난날의 내 모습이 떠올라 쓴웃음을 지었다.

● 형식이 내용을 좌우한다

형식이 내용보다 중요하다는 말이 있다. 마음껏 자유를 구가하며 제멋대로 근무하는 것 같은 서양의 선진국일수록 의전이 엄격하다는 것을 알 것이다. 영국의 왕실 근위대를 떠올리면 금방 이해가 될 것이다.

마찬가지로 때로는 말보다 말하는 태도가 더 중요할 수 있다. 얼마 전, 공무원을 선발하는 면접관으로 참여한 적이 있다. 좋은 경험이었다. 바짝 긴장한 취업 지망생들이 한 사람씩 들어와서 우리 면접관들 앞에 섰다. 그때 새삼 말하는 태도의 중요성을 느꼈다. 예전에는 그토록 심각하게 생각하지 않았다. 오히려 자연스러우면 더 멋진 것 아닌가라고 생각할 정도였다. 답변 태도를 문제 삼는 사람은 괜한 심술이 작용한 때문이라고 생각했었다.

그런데 그것은 답변자의 생각이다. 질문을 던지고 답변을 들어 평가하는 입장이 되어 보니까 상대의 말하는 품새, 즉 태도와 자세나 말투 따위가 말의 내용만큼이나 아니 그 이상 중요할 수 있다는 생각을 하게 되었다.

일단, 말하는 태도가 좋으면 상대에게 호감을 갖게 되고 그렇게 되면 같은 말이라도 호의적으로 받아들이게 될 뿐 아니라 더 많은 질문을 통해 상대를 알고 싶어진다. 반대로 태도가 불량하면 더는 볼 것도 없다는 생각이 들어 별로 질문하고 싶은 기분이 되지 않는다. 또한 불량한 태도인 사람이 대답하는 것은 내용조차 선입견으로 평가절하될 수 있다. 면접관이든 심사관이든, 그리고 직장의 상사도 마찬가지다. 결국은 인간이니까.

따라서 답변을 할 때는 질문을 받는 상황의 분위기, 질문자와의 관계(상하 관계 등), 그리고 질문과 대답의 중요성 또는 심각성 여하 등을 고려하여 답변 자세를 가다듬어야 한다. 태도도 답변에 포함되는 것이요, 그것이 답변의 내용 이상으로 중요할 수 있으니까 말이다.

대답도 제대로 못 하면서

답변 태도의
3가지 핵심

대답을 할 때 지켜야 할 태도에 관한 것은 그다지 복잡하지 않다. 몇 가지만 주의하면 된다. 그럼에도 태도 때문에 대답의 질이 좌우되고, 때로는 대답의 내용까지도 좌우하게 된다면 억울한 일이다. 따지고 보면 대답에는 태도까지 포함된다고 할 수 있다. 답변하는 태도도 대답이라는 이야기다. 답변할 때 주의해야 할 태도의 핵심은 다음의 3가지다.

● 시선을 피하지 마라

첫째, 시선이다.

언젠가 정부의 고위직 인사를 만나야 할 일이 생겼다. 그런데 그를 소개해준 사람이 나에게 그를 상대할 때 주의해야 할 몇 가지 팁을 주었는데 그중에 가장 강조한 것이 바로 '시선'이었다.

"그분과 대화를 나눌 때 절대 시선을 피하지 마세요. 눈을 돌리
거나 다른 곳을 보며 말을 하면 끝장입니다."

끝장이라고? 뭐 그렇게까지 겁을 줄 것은 아닐지 모르나 어쨌
든 시선을 피하면 그는 그것으로 사람을 평가한다는 것이다. 흥미
로운 충고였다.

실제로 대화를 나눌 때 상대의 시선 처리를 중하게 생각하는 이
들이 의외로 많다. 특히 위계질서가 팽팽한 조직에서 상사가 부하
를 평가할 때 시선 처리를 문제 삼는 경우가 많다. 다만 지적을 하
지 않을 뿐이다.

친구 간의 대화에서는 시선 처리에 별 관심을 두지 않는다. 그
러나 격식을 차리는 자리에서 사람을 처음 대하게 될 때는 시선
처리에 의도적으로 주의를 기울여야 한다. 악수하며 인사말을 나
눌 때부터 상대를 똑바로 봐야 한다.

이런 이야기를 처음 들어본다고? 왜냐하면 아무도 말해주지 않
았기 때문이다. 내가 만나기로 한 그 고위직 인사도 자기와 대화
를 나눌 때 반드시 눈을 마주쳐야 한다고 말하지는 않는다. 그러
나 그는 내심 시선을 피하는 사람을 좋지 않게 본다는 것이다. 다
른 사람과 나누는 뒷담화를 통해 그런 기준이 있음을 확인할 수

있었다.

이런 이야기는 들어봤는가? 미국에 입국하려면 공항에서 매우 까다로운 입국 심사를 거쳐야 하는데, 여권을 심사자에게 건네고 질문에 대답할 때 "절대 눈을 피하지 마라"라는 충고 말이다(나는 그런 말을 입국 심사를 받는 요령으로 여러 번 들었다). 왜 눈을 피하지 말라고 하는지 아는가? 시선을 피하면 무엇인가 숨기고 있는 사람으로 의심받게 된다는 것이다. 그만큼 시선 처리는 중요하다.

대답할 때는 반드시 질문자와 눈을 마주쳐야 한다. 그렇다고 뚫어지게 쳐다봐서는 안 된다. 그것은 자칫 도전적이거나 항변하는 것 같은 느낌을 주어 상대를 불쾌하게 할 수도 있다. '선한 눈'(이것이 중요하다)으로 상대를 주시하며 대답을 하되 가끔은 상대의 코나 입 주위로 시선을 자연스럽게 분산시키며 말하면 된다.

시선을 마주쳐야 한다는 것, 절대 잊지 마시라. 그래야 답변의 신뢰성을 높이게 된다. 지나치듯 보거나 힐금거려서도 안 된다. 시선 교환이 너무 짧으면 불안해 보이고 너무 오래 쳐다보면 부담스럽다. 자연스럽게 시선을 맞춘 상태에서 질문을 받고 대답하면 된다.

● 밝은 기가 느껴지도록

둘째, 표정이다.

한마디로 얼굴이 환하고 밝아야 한다. 진지하되 부드러워야 한다. 나와 함께 근무했던 직원 중에 매우 유능한 사람이 있었는데 문제는 그의 표정이었다. 눈초리를 비롯하여 얼굴 전체에 불만스럽고 삐딱한 기운이 가득하다.

표정이 그렇다 보니 그와 대화를 나누는 것이 유쾌하지 않다. 입으로는 "예, 알겠습니다"라고 대답하는데 그의 표정을 보면 내심 다른 생각을 하고 있거나 불만이 있는 것처럼 느껴질 때가 많았다. 당연히 명쾌하지 않고 찝찝하다. 때로는 불쾌하기도 했다.

나중에 알게 되었지만, 그는 어린 시절에 불우한 환경에서 자랐는데 아마도 그것이 그대로 표정으로 굳어진 듯했다. 원래 생긴 것이 그런 걸 어떻게 하냐고요? 그럴수록 의도적으로 자신의 표정을 관리할 수 있어야 프로 직장인이라 할 수 있다.

얼마 전, 내로라하는 대기업의 임원들을 대상으로 교육을 하다가 휴식 시간에 이런 질문을 던졌다.

"어떤 신입 사원이 가장 마음에 듭니까?"

원래 이런 질문에 대한 답변은 휴식 시간이나 술자리 등 비공식적인 자리에서 솔직하게 나온다. 공식적으로 질문하면 "창의적인재""글로벌 인재"운운하지만 사적인 분위기에서 질문하면 속생각을 그대로 드러내기 때문이다.

"역시 일 잘하는 사원이 최고죠."

"글로벌 역량을 갖춘 사람이어야 합니다."

나는 그런 대답을 예상했었다. 그런데 가장 먼저 나온 대답은 정말 의외였다.

"뭐니 뭐니 해도 인상이 밝은 신입 사원이 제일이죠."

"맞아, 맞아."

그 임원의 말에 교육에 참여한 거의 모든 사람이 동의했다. 밝은 얼굴, 명랑한 성격이 제일 중요하다고. 한마디로 '밝은 기'를 발산하는 젊은이가 신입 사원답고 호감이 간다는 것이다. 일 잘하고, 글로벌 역량 운운은 그다음 이야기다.

그렇다. 이는 신입 사원에게만 해당되는 것이 아니다. 상사의 질문에 대답할 때도 표정이 밝아야 한다. 밝은 기를 발산해야 한다. 그것이 질문하는 사람의 마음을 편하게 해줄뿐더러 대답에 대한 신뢰와 호감도 높아지게 한다. 같은 떡이라도 보기 좋아야 맛있다고 하지 않던가.

● 겸손하면서도 당당하게

셋째, 자세다.

앞에서 고백했던 국정감사장에서의 스토리가 바로 이것에 해당한다. 바른 자세로 대답해야 한다. 외국에서는 상사와 대화할 때 부하가 상사의 책상머리에 걸터앉아 대답하는 모습을 영화에서 종종 보게 된다.

TV의 인기 프로 〈어서 와, 한국은 처음이지〉를 보다가 외국의 기업문화가 우리와 엄청 다르다는 것을 느낀 적이 있다. 그들이 이야기 중에 "우리는 상사에게 '이봐, 늙은이!'라고 농담을 해도 전혀 괜찮다"라고 했다. 그런 걸 보면 부럽다고? 그건 아니다.

어느 쪽이 더 좋은지는 알 수 없지만 분명한 것은 "로마에서는 로마법을 따르라"라는 것이다. 우리나라에서는 그럴 수도 없을뿐더러(훗날에는 어떻게 될지 모르지만) 지금은 상하 간에 분명한 매너를 보이는 게 맞다.

그렇다고 상사 앞에서 부들부들 떨면서 대답하라는 것은 아니다. 영국 궁궐의 근위대 병사처럼 긴장된 차렷 자세로 말하라는 것도 아니다. 상사와 어떤 관계냐에 따라 달라지겠지만 아무리 친근한 사이라도 상사는 상사다. 당당하면서도 겸손하고 자연스러우면서도 절도 있고 진지한 답변 태도를 보여야 한다.

이처럼 대답할 때의 태도에 대하여 상사가 직접적으로 지적하는 경우는 거의 없다. 국회의원이 나에게 호통을 치며 지적한 것은 예외적인 상황이다. 문제는 상대가 지적을 안 하기에 오히려 심각할 수 있다는 사실이다. 지적이라도 해주면 고칠 수 있지만 지적은 하지 않으면서 내심으로만 불쾌한 감정을 갖고 평가절하하기에 심각한 것이다. 대답할 때마다 자신의 대답 태도를 점검해 볼 일이다.

말투로 달라지는
대답의 인상

상사가 무엇인가 지시 또는 질문을 하고, 부하가 대답하는 장면을 떠올려보자.

"이것을 이번 주 금요일까지 해주겠소?"

"예."

이때, 대답 "예"가 어떤 말투냐에 따라 상대에게 전해지는 감정은 달라진다. 상사의 기분도 달라진다. 명쾌하게 들릴 수도 있고, 머뭇거리는 의미로 들릴 수도 있으며, 심하면 불만스러운 대답으로 들릴 수도 있다.

만약 말투가 퉁명하고, 덧붙여서 말의 끝을 끌며 "예~"라고 한다면 상사는 못미더워할 것이다. 자신감이 없는 것처럼 비칠 수 있기 때문이다. 정말로 금요일까지 하겠다는 대답인지 아니면 어떤 문제가

대답도 제대로 못 하면서

있어서 별로 하고 싶은 마음이 없다는 대답인지 또는 거부하는 대답인지 헷갈릴 것이다. 대답을 함에 있어 말투는 그렇게 중요하다.

위와 같은 질문은 대답을 요구하는 지시형 질문이다. 아무리 상사라도 어떤 지시를 할 때는 은근히 부하의 눈치를 살핀다. 특히 상대에게 부담이 되는 요구나 지시를 할 때 그렇다. 그런데 대답이 화끈하지 못하고 말투가 퉁명하다? 그러면 상사는 부담을 주는 것 같아서 조금은 미안했던 심리가 갑자기 괘씸함으로 변하게 된다. 당연히 그 부하에 대하여 좋은 감정을 갖지 못하게 될 것이다.

● 말투가 운명을 바꿀 수 있다

말투가 중요한 이유는 말하는 사람의 속내나 진심과는 다르게 말투로 인하여 같은 말을 하고도 결과가 달라진다는 데 있다. 말투 하나 때문에 같은 내용의 말이라도 본의와 다르게 상대방에게 전달될 수 있다. 당신이 아무리 선의의 대답을 했더라도 말투가 그것을 뒷받침하지 못하면 진의가 왜곡될 수 있다는 말이다.

심지어 개들도 말투에 반응한다고 한다. 헝가리의 과학자들이 연구한 바에 의하면 개들도 말투를 통해 주인의 심리를 알아차린다고 한다. 개의 뇌를 MRI(자기공명영상)로 스캔해서 개가 주인이 말하는 것을 들을 때 어떻게 작용하는 가를 실험했는데 개들의 뇌가 말의 내용과 함께 말투에도 반응했던 것이다. 즉, 칭찬하는 말을 하더라도 말투에 진정함이 배어나지 않으면 개들도 시큰둥하게 반응한다. 그러니 사람에 있어서야 말할 것도 없다.

상사에게 어떤 건의나 대답을 할 때도 말투가 삐딱하거나 퉁명스러우면 건의나 대답이 아니라 불만을 표출하는 것으로 비칠 수 있다. 내가 직장에서 간부로 일할 때에 그런 부하를 만난 적이 있다. 말투가 기분 나빴다. 업무 지시를 하면 그에 대하여 대꾸하는 것이 꼭 시비를 거는 것 같은 말투였다. 때로는 지시를 거부하는 듯한 느낌도 들었다. 평소의 말투도 부하답지(?) 않게 거만했다.

그와 대화를 나누면 은근히 스트레스를 받았다. 알고 보니 나만 그렇게 느낀 게 아니라 다른 간부들도 그렇게 생각하고 있었다. 그렇다고 말투 갖고 시비를 걸 수는 없는 노릇이라 뒤에서 투덜거리게 되었다. 결국, 호감을 느끼지 못하고 헤어졌는데 나중에서야 알았다. 말투만 그럴 뿐 사실은 '진국'이라는 것을 말이다. 충직하고 진실한 사람이었다. 따지고 보면 그는 말투 때문에 큰 손해를 보고 있는 것이다. 말투만 달랐어도 요직에 기용될 수 있었으리라 생각한다. 세상사나 인간관계란 그런 것이다. 아주 작은 차이로 관계가 비틀어진다. 그리고 운명이 달라진다. 그러니 말투 하나가 운명을 바꾼다고 할 수 있다.

대답할 때의 말투는 어때야 할까? 이건 설명을 하지 않아도 벌써 감이 잡혔을 것이다. 대답하는 사람에게는 대답하는 사람의 말투가 필요하다. 이런 말을 하면 항의할 사람도 있을지 모르겠는데 부하는 부하로서의 말투가 있게 마련이다. 아무래도 좀 더 공손한 말투를 써야 할 것이다. 그러나 공손한 말투이지만 힘이 없게 느껴진다면 그것은 무성의한 것으로 받아들여지거나 심하면 역량의 부족으로 비화될 수 있다.

분명하게 말하되 대답하는 사람의 열의와 진정성이 전달될 수 있도록 활발하고 명쾌해야 한다. 또한, 단조롭게 말하거나 말하는 속도가 너무 빠르거나 목소리의 톤에 힘이 없으면 상대의 신뢰를 얻기 힘들다. 약간 느리게 말하면서 중요한 내용이나 단어에 힘을 주어 전체적으로 리듬감 있는 말투를 구사하는 게 요령이다.

상사와 부하의 관계라고 해서 너무 공식적인 말투, 긴장된 말투로 하는 것도 좋지 않다. 예컨대 군대에서 부하가 상관에게 대답하듯 하는 말투 말이다. 또한, 아나운서처럼 매끄럽고 청산유수 같은 말투도 별로다. 그냥 대화하듯 친근감 있게 말하면 된다.

"원래 태생이 그런 걸 어떠냐?"라고 변명하지 마라. 만약 성격이나 습관에 따라 이미 말투가 고정된 상태라면 적절한 연출을 통해 변화 있게 적용할 수도 있다. "말투는 쇼맨십"이라는 말도 있다. 그리고 처음에는 쇼맨십으로 시작했지만 그것이 버릇이 되고 습관이 되면 언젠가 정말로 말투가 바뀌어 있는 자신을 발견하게 될 것이다. 이 기회에 말투를 교정해보자. 좋은 대답을 하기 위해서가 아니다. 앞으로의 직장 생활, 더 나아가 밝은 인생을 위해서 필요하기 때문이다.

'넷플러스' 대답법

당신이 휴대전화를 통해 누군가에게 지시·명령 또는 의뢰하는 문자 메시지를 보냈을 때 상대의 대답 메시지가 다음과 같다면 어느 쪽이 호감 가는가?

"예."

"네."

"넷."

"넷+3, 즉각 조치하겠습니다."

당연히 마지막 대답에 호감이 간다. 문자에 대답하는 사람의 표정과 자세가 보일 것이다. 이렇게 문자도 감정이 전달되는데 말로 하는 대답이라면 더할 것이다. 이렇게 화끈하고 활기차게 답하면서 한마디를 덧붙이는 대답법을 '넷플러스'('넷+'라는 의미다)라고 하는데, 내가 창안한 개념으로 유튜브 방송을 통해 공개한 바 있다. 잘 활용하면 큰 도움이 될 것이다.

대답도 제대로 못 하면서

대답의 속도-
급하면 망한다

"사연을 듣기 전에 대답하는 자는 미련하여 욕을 당하느니라."

성경의 잠언(18장 13절)에 나오는 말이다. 당연하다. 다 들어보지도 않고 넘겨짚어 대답했다가는 낭패를 보거나 상대의 기분을 상하게 한다. 그건 성질이 급하다는 증거가 되며 믿을 수 없거나 경망스러운 이미지를 줄 수 있다.

다 들어보지도 않고 대답하는 것을 가리켜 '말허리를 자른다'고 한다. 대개 성질이 급한 사람이 그런 행태를 보이지만 이는 꼭 성질의 문제는 아니다. 습관이요, 버릇이다. 상대의 말이 다 끝나기 전에 말을 자르며 끼어들면 무엇보다도 상대를 화나게 한다. 감정이 상한다. 이렇게 되면 상호 관계가 좋을 리 없고 비즈니스에도 영향을 미치게 될 것이다. 역지사지하면 금방 알 수 있다.

상대의 말이 끝나기도 전에 말허리를 자르고 중간에 불쑥 대답을 하는 행위는 단순히 상대의 기분을 상하게 하는 것으로 그치지 않는다. 가장 중요한 문제는 질문에 대한 맥락과 의도를 충분히 알지 못하게 된다는 점이다. 그렇게 되면 상대가 어떤 말을 할 것인지 미리 예단해서 말함으로써 뜬금없는 대답, 엉뚱한 대답, 동문서답을 하게 된다. 앞질러 말하다 보니 헛짚게 되는 것이 당연하다.

● 생각을 담아서 느리게

상사가 질문을 하면 부하는 심리적으로 조급해진다. 그래서 생각할 겨를도 없이 즉각적인 반응을 보이려 할 뿐 아니라, 말의 속도도 평소보다 빨라진다. 긴장하고 흥분했다는 의미가 된다. 그러면 대답에 생각을 담기가 힘들다.

대답법 화술의 핵심은 의도적으로 약간 느리게 말하는 것이다. 그러면 생각을 하면서 말할 수 있고, 그만큼 실수를 줄일 수 있다.

천천히 말하면 설득력도 높아진다. 이는 반대로 생각해보면 금방 이해할 수 있다. 허겁지겁 급하게 말하면 신뢰도 또한 낮아진다. 천천히 말해야 신뢰도가 높아지고 따라서 설득력이 강해지는 것이다. 세계적인 강연가 브라이언 트레이시(Brian Tracy)가 말했다. "설득력을 갖추려면 말을 천천히 하고, 발음을 분명히 하며, 생각을 자신 있게 표현하라."

말로써 남을 설득해야 살아남는 세일즈 업계에서도 말을 청산유수처럼 하는 세일즈맨보다 약간 어눌하게 말하는 사람이 실적이 더 좋다고 한다. 설득력이 높기 때문이다.

흥미로운 사실은 한국인과 미국인의 설득 요령에 차이가 있어서 미국인은 말이 빠른 사람에게 설득당하기 쉬운 반면 한국인은 천천히 차분하게 말하는 사람에게 더 쉽게 설득당한다고 한다.

또한, 천천히 말하면 심리적으로 상대보다 우위에 있게 된다. 생각해보라. 직장에서 지위가 위로 올라갈수록 말이 느린 현상을 발견할 것이다. 위로 올라갈수록 나이가 많고 폼을 잡느라 그렇다고 해석할 수 있지만 심리적으로 그만큼 우위를 점하고 있기 때문에 조급하지 않고 안정감 있게 말하는 것이다. 마찬가지로 일반적인 대화에 있어서 빠르고 조급하게 말하는 사람과 느긋하고 천천히 말하는 사람의 상황을 상상해보면 누가 더 심리적 우위를 차지하게 될지 알 수 있을 것이다.

그렇다고 해서 상사보다 심리적으로 우위에 오르려고 말을 천천히 하라는 것은 아니다. 그만큼 신중한 사람, 믿을 수 있는 사람, 품격이 있는 사람이라는 이미지를 형성하게 되기 때문에 생각을 담아서 천천히 말하라는 것이다.

대답할 때의 화술에는 여러 가지 요령이 있겠지만 이것 하나라도 마음속에 담아서 말하는 습관을 들이는 게 좋다. 그럼으로써 실수를 줄이고 대답의 효과를 높이며 좋은 이미지를 남기게 된다.
그렇다고 해서 상대가 답답함을 느낄 정도로 깊이 생각하면서 천천히 대답하라는 것은 아니다. 만약 의도적으로 천천히 말하는 것이 상대에게 감지된다면 또 다른 부작용을 초래할 수 있다. 그러니까 당신이 원래 구사하는 말의 속도에 '생각을 담아서' 말하는 수준으로 조금 여유 있게 말하면 된다.

　　　　　　　　　　　　　　　　대답도 제대로 못 하면서

상황에 따라
지혜롭게 대답하기

우리 속담에 "누울 자리를 보고 다리를 뻗어라"라는 말이 있다. 형편을 보고 처신하라는 의미다. 또한 "공자 앞에서 문자 쓴다"라는 말도 있고 "번데기 앞에서 주름 잡는다"라는 표현도 있다. 원래는 자신보다 더 유식한 사람, 더 나은 사람 앞에서 아는 체를 하고 가르치려 드는 것을 경계하는 말이지만 요즘은 상대를 보고 처신을 하라는 뜻으로 쓰인다.

대답하는 것도 마찬가지다. 상대를 보고 가려서 판단해야 한다. 만약 당신의 상사가 성질이 불같아서 묻는 말에만 짧게 대답하기를 바라는 사람이라면 어쩌겠는가? 그런 사람에게 질문을 뛰어넘는 대답, 'A+α'의 대답을 하겠다면 본전도 찾기 힘들다. 그 상사의 특성이 그렇다면 대답을 해야 하는 사람으로서는 상대와 기싸움을 하기보다 그의 성향에 맞는 대답을 하는 게 옳다. 대답은 기본적으로 '을'의 커뮤니케이션 방식이기 때문이다.

상대의 성향뿐만이 아니다. 질문과 대답이 오가는 분위기와 상황도 대답의 변수가 된다. TPO를 고려해야 한다는 말이다. TPO란 원래 time, place(또는 person), occasion의 머리글자로 이루어진 용어지만 요즘엔 뭉뚱그려서 '상황'을 의미하는 약자로 사용한다.

대답할 때는 당연히 TPO를 고려해야 한다. 어떤 상황에서 대답하는지에 따라 답변이 달라진다. 아니, 달라져야 한다. 예를 들어, 긴급한 상황에서 "지난번에 지시한 프로젝트가 어떻게 되고 있나?"라는 질문을 받았다면 길게 답할 수가 없다. 간단히 "현재까지 전혀 문제가 없습니다"라는 식으로 결론만 말해야 한다. 나머지는 질문자가 어떻게 반응하느냐에 따르면 된다.

상황이 심각하거나 엄중할 때는 대답의 방식이나 내용 또한 달라져야 한다. 때로는 "네"라는 단 한마디로 대답해야 할 때도 있고 심지어 침묵으로 대답을 대신해야 할 때도 있을 것이다.

● 결재라는 이름의 대답

나는 직장에서 과장과 차장으로 일하던 때에 회장의 스피치 라이터를 한 적이 있다. 다른 사람의 연설문을 대신 쓰는 일은 매우 힘든 작업이다. 어떤 행사를 준비하면서 연설문을 작성할 경우,

지난해에 있었던 동일한 행사의 연설문을 활용하여 만드는 경우가 있다. 몇 가지 변경 사항만 다듬어도 좋은 연설문이 될 수 있다. 그러나 그것은 부장이나 임원의 연설문을 만들 때의 이야기이고, 큰 조직의 회장 연설문을 그런 식으로 했다가는 자리를 보전하기 힘들다. 회장의 연설이라면 나중에 연설문집으로 탄생할 수도 있는데 예전의 연설문을 짜깁기한다고? 말도 안 된다.

어느 날, 갑자기 회장이 나를 호출한다.

"다음 주에 조찬 행사가 있는데 이번 주말까지 연설문을 작성할 수 있겠나?"

이렇게 묻는다면 이건 질문이라기보다 지시요, 명령이다. 나에게 가능성을 묻는 것이 아니라 그때까지 연설문을 만들라는 명령을 에둘러 질문형으로 말한 것이다. 그럴 때 회장에게

"연설은 정확히 언제, 어디서 하시는지요?"

"몇 분 정도의 길이로 연설을 하실 계획이십니까?"

이런 식으로 되물어 대답한다면 바람직한 대응이 아니다. 회장 스스로 구체적인 내용을 말해주지 않는 한 일단 "예, 알겠습니다"라고 단 한마디로 대답하는 것이 상황에 맞는다. 상세한 정보는 비서실에서 확인이 가능하기 때문이다. 비서실에서는 회장의 일정을 상세히 파악하고 관리하니까.

그렇다면 회장이 무슨 말을 하려는지 의중을 모르고 어떻게 연설문을 쓰냐는 의문이 들 것이다. 요령이 있다. 예를 들어, 연설문을 사용할 시기가 일주일 후라고 하면 상상력을 최대한 동원하여 마치 내가 회장으로서 그 조찬 행사에 참여한 것 같은 느낌으로 최선을 다해 연설문을 작성한다. 그런 다음 적어도 행사 2~3일 전에 결재를 올린다.

결재! 그것이 무슨 의미를 갖는지 아시는가? 결재라는 제도의 용도를 우리는 간과하고 있거나 잘못 알고 있다. 상사의 지시에 따라 또는 자기 스스로 생각해낸 어떤 기획안을 만들어서 상사의 결심을 받는 절차로만 생각한다. 결재는 그런 의미 외에도 상사에 대한 대답인 동시에 질문의 기능을 한다.

연설문을 2~3일 전에 미리 회장에게 들이미는 것(결재)은 회장의 지시에 대하여 '이렇게 작성했습니다'라는 대답인 동시에 '이렇게 작성했는데 괜찮습니까?'라며 회장의 의중을 떠보는 질문이기도 하다. 회장의 의중을 직접 물어볼 수 없기에 결재라는 절차를 통하여 회장에게 질문을 던지는 것이다. 그러면 회장이 연설문 초안을 보고 이것저것 추가적인 지시를 함으로써 자연스럽게 의중을 드러내게 된다. 회장이 나의 질문에 답을 하는 셈이다.

"여기는 이렇게 고치도록 하지."

"이러이러한 말을 추가해봐."

"좀 더 실감 나는 사례가 없을까?"

그 의중을 다시 연설문에 반영하면서 드디어 연설문이 완성된다. 이렇게 상황에 따라서는 무조건 실행하겠다고 대답한 후 결재라는 절차와 도구를 활용하여 대답을 완성해가는 방법도 있다.

결재는 단순히 결재권자의 사인을 받는 절차가 아니다. 그것은 대답임과 동시에 하급자가 상급자에게 던지는 질문이다. 유능한 직장인이라면 결재라는 이름의 질문과 대답을 잘 활용할 줄 알아야 한다.

극한 상황에서의
대답법

앞에서 상황에 따라 대답이 달라질 수밖에 없다고 했다. 큰 조직의 회장님 앞에서 이러쿵저러쿵 궁금한 것을 모두 질문하기는 어렵다. 세상이 변해서 요즘은 소통 운운하며 할 말은 확실히 하자고 하지만 막상 대기업의 톱 CEO 앞에 서면 그렇게 간단한 일이 아니다. '무엇이든 물어보라'고 해서 정말 무엇이든 물어볼 수 있다고 생각한다면 순진하기 그지없다. 상사의 지시나 질문에 묻고 싶고 따지고 싶은 말이 왜 없겠는가? 그러나 TPO에 따라 무조건 긍정의 대답을 짧게 해야 할 때도 있다.

"예."

"예, 알겠습니다."

이렇게 짧은 대답을 남기고 임무를 완수해야 하는 경우도 있는

대답도 제대로 못 하면서

것이다. 거대한 조직, 특수한 조직에서는 충분히 있을 수 있는 대답법이다. 이런 사례를 말하다 보니 극한 상황에서 '대답'의 전형을 보여준 유명한 스토리가 떠오른다. 상황에 따라 대답이 달라진다는 것을 극명하게 보여준 사례다. 이것은 세일즈맨, 영업맨을 교육할 때도 단골로 등장하는 유명한 스토리인데 극한 상황에서 어떻게 대응해야 하는지를 잘 보여준다.

● 로완식 대답법

1898년, 당시 미국은 쿠바를 식민 지배하고 있는 스페인과 전쟁의 긴장감이 높아지고 있었다. 따라서 전쟁이 일어날 경우에 대비하여 쿠바 내의 스페인 저항군과 긴밀한 관계를 수립하는 것이 중요한 현안이 되었다. 이를 위해 미국의 매킨리(Mckinley) 대통령은 저항군의 지도자인 칼리스토 가르시아(Calixto Garcia) 장군과 긴급히 연락을 취해야 했다.

그러나 그가 쿠바의 깊은 밀림 속 어딘가에 있다는 첩보만 있을 뿐 정확한 위치는 아무도 몰랐다. 그와 연락을 하려면 누군가가 직접 그를 찾아 나서야만 했다. 이 답답한 상황에서 매킨리 대통령에게 그 임무를 완수할 사람으로 추천된 사람이 바로 이야기의 주인공 로완(Andrew Summers Rowan) 중위다.

"이 편지를 가르시아 장군에게 전달하게."

로완 중위가 매킨리 대통령 앞에 섰을 때 대통령이 내린 지시는 짧막했다. 더 길게 말할 상황도 아니었고 정보도 없었기 때문이다. 이 스토리의 핵심은 바로 이 장면에서 나온다. 즉, 명령을 받은 로완 중위는 가르시아 장군이 어디에 있는지, 어떻게 생겼는지, 어떻게 그곳에 도착할 수 있는지 따위의 어떤 질문도 하지 않았다는 점이다.

"예, 알겠습니다."

로완 중위는 그렇게 한마디만 말했다. 그는 즉각 미국을 출발, 자메이카를 횡단하여 배를 타고 쿠바 연안에 도착했고, 길도 없는 정글 속을 일주일 동안 헤매며 스페인 탈영병들로부터 가르시아에 대한 정보를 수집하면서 강을 건너고 산을 넘었다. 그리고 드디어 쿠바 오리엔티(Oriente) 산에서 가르시아 장군을 만나는 데 성공한다.

임무를 완수하고 무사히 돌아온 그는 훗날 은퇴 후에 샌프란시스코에서 여생을 보내다 1943년에 85세로 세상을 떠나 알링턴 국립묘지에 묻혔다.

한동안 잊혔던 이 스토리를 발굴하여 '가르시아 장군에게 보내는 편지(A Message to Garcia)'라는 칼럼을 써서 전 세계에 알린 사람은 출판인 엘버트 허버드(Elbert Hubbard)였다. 그리고 이 칼럼은 마침 경제공황으로 실의에 빠져있던 미국 사회에 엄청난 반향을 일으켜 많은 사람들에게 극한 상황에서도 희망과 용기를 갖게 하였다. 엘버트 허버드는 이 사례와 관련하여 실험을 한번 해보라고 권한다.

"어떤 직원에게 '백과사전을 보고 코레지오의 삶에 관한 짤막한 메모 좀 작성해주게'라는 지시를 내렸을 때 바로 그 일을 하러 가는 직원은 거의 없을 것이다. '코레지오가 누굽니까?' '죽은 사람인가요?' '백과사전이 어디 있죠?' '어느 백과사전 말씀인데요?' 심지어 '급합니까?'라고 되묻는 대답이 나올 것이다."

허버드의 말이다. 그러나 로완 중위는 그렇게 대답하지 않은 것이다.(엘버트 허버드, 《가르시아 장군에게 보내는 편지》, 박순규 옮김, 새로운 제안, 2011)

앞 장에서 내가 스피치 라이터로 글을 썼다고 이야기했다. 그리고 여기에 로완 중위의 사례를 더하는 것은 상사의 지시에 무조건 "Yes"로 답하라고 강조하는 것이 아니다. 상황에 따라 상사의 지시와 질문에 대하여 어떻게 응답해야 하는지를 말하려는 것이다.

좋은 대답을 하려면 질문을 뛰어넘는 대답, 'A+α'의 대답을 해야 하지만 상황에 따라서는 "옙" "그렇게 하겠습니다"라는 한마디의 대답, (앞에서 말한) '넷플러스' 대답이 더 깊은 인상을 줄 수 있다. 그런 대답이야말로 자신의 일에 대하여 자신이 있을 때 나올 수 있는 대답이라 하겠다.

당신은 상사로부터 버거운 지시나 질문을 받았을 때 지금까지 어떻게 반응했는가? 상대와 상황에 따라 어떻게 대답하는 것이 올바른 대답법인지 생각해보자. 때로는 '로완식 대답'도 필요하다.

'사법농단'이 로완 중위 때문?

이 책을 집필하던 중, 소위 '사법농단'에 관한 뉴스가 떴다. 직권 남용, 재판 거래 등 사법부 및 법관의 독립성을 해치는 일이 있었다며 검찰의 수사가 벌어졌고 결국은 대법원장이 구속되는 사태가 발생했다.

흥미로운(?) 것은 여러 신문에서 사법농단이 일어난 근원의 하나가, 상사가 지시하면 무조건 "Yes"로 대답해야 하는 법원 행정처의 분위기와 관련이 있다고 분석한 것이다. 즉, 대법원의 핵심 기관인 법원 행정처의 엘리트 법관들은 "예의가 바르다"는 평가를 받는데, 이 말은 '윗사람이 시키면 군말 없이 잘한다'는 뜻을 내포하고 있다는 것이다. 그러면서 그 근거로 느닷없이 등장한 것이 바로 위에서 소개한 '로완 중위'의

대답도 제대로 못 하면서

스토리다.

　대법원장이 사법연수원 수료식이나 판사 간담회 등에서 법관이 가져야 할 마음가짐과 자세로 '로완 중위'를 꼽으며 "법조인으로서의 사명을 위해 로완 중위처럼 일하라"고 말했다는 것이다.(《시사IN》, 2018. 11. 21, 제584호 등에서)

　대법원장은 "능력이 중요한 게 아니라 사명감을 갖고 해결책을 찾아 실행에 옮기라"는 의미로 말했지만 막상 사건이 터지자 사람들은 로완 중위를 들먹이며, 마치 '군말 않고 시키는 대로 하는' 예스맨이 로완 중위인 것처럼 해석했다.

　로완 중위의 스토리는 '군말 않고 시키는 대로 하는' 사례가 아니다. 그것의 핵심 메시지는 자신의 모든 역량을 다해 목표를 달성하는 충직한 자세의 모범을 말하는 것이다. 오해 없기를.

좋은 대답의 핵심-
해박한 실무 능력

우리는 지금 대답을 잘하기 위한 여러 가지 원칙과 요령을 배우고 있다. 그런데 문득 이런 의문이 생긴다. 막상 상사의 질문을 받았을 때 지금까지 배운 대답의 원칙과 요령이 생각날까? 상사의 질문에 대답하는 것은 즉문즉설(卽問卽說), 아니 즉문즉답(卽問卽答)해야 하는 상황이다. 이럴 때 머릿속에 얼른 떠오르는 원칙과 요령이 몇 가지나 될까?

상황은 급박하다. 질문을 받고 띄엄띄엄 답변의 요령을 떠올리고 있을 여유가 없다. 질문에 대응하여 즉각적으로 대답이 튀어나와야 하는 게 현실이다. 그렇다면 즉각적으로 튀어나와야 할 대답이 제대로 된 대답이 되려면 어떻게 해야 할까? 그게 바로 진정한 실력이요, 다른 말로 하면 '내공'이다. 대답의 요령을 배우고 발휘

하기에 앞서 제대로 된 대답을 할 수 있는 실력을 갖춰야 한다는 말이다.

● 보험 세일즈에서 배우는 대답법

내가 잘 아는 사람 중에 보험 세일즈에서 탁월한 실적을 내는 여성이 있다. 그녀는 그 회사의 '명예의 전당'에 올랐을 만큼 이름을 떨치는 사람이다. 보험 세일즈라고 하면 얼른 떠오르는 이미지가 외향적인 성격에 뛰어난 언변일 것이다. 그러나 그는 그런 것과 거리가 멀다.

수줍음을 잘 타서 처음 보험 세일즈의 업무를 담당하게 되었을 때 사표를 낼까 고민했단다. 그런데 어떻게 최고의 명예를 거머쥘 정도로 보험 세일즈에 성공했을까?

그의 가장 큰 장점과 세일즈 무기는 타의 추종을 불허할 정도로 보험 상품에 해박하다는 데 있다. 자기 회사의 상품뿐만 아니라 다른 회사의 상품들, 그리고 고객의 여건에 따라 어떤 상품이 가장 적합할지 등등 하여튼 실력이 탄탄하다. 그렇기에 고객의 궁금증을 완벽하게 풀어준다. 말 그대로 상담사 역할을 완벽하게 해낸다.

어떤 상품이 자기에게 좋을지 고객이 질문을 던지면 명쾌하게 그 고객에게 가장 적합한 상품을 설계하여 제시한다. 자기 회사의 상품뿐만 아니라 다른 회사의 상품도 당당히 권한다. 그러다 보면 그를 신뢰하게 된 고객은 설령 불입금에 약간의 차이가 있더라도 그와의 거래를 위해 그가 소속된 회사의 상품을 구매하고 계약한다. 내가 그를 직접 만나 대화를 나누며 그가 어떻게 보험 세일즈에 성공했는지를 분석하면서 깨달은 것이 있다. 세일즈의 핵심은 말을 잘하는 언변이 아니라 실무 능력이라는 것이다.

좋은 대답을 할 수 있으려면 요령이나 재치를 뛰어넘어 실력이 있어야 한다. 콘텐츠가 충실해야 한다. 즉, 업무에 대하여 해박한 지식과 능력을 갖고 있어야 좋은 대답을 할 수 있다. 그런 사람은 설령 대답의 요령을 모르고 원칙을 좀 벗어나더라도 금세 만회할 수 있다.

예를 들어, 상사로부터 질문을 받았는데 '질문을 뛰어넘는 대답'을 하지 못하고 짧게 결론만 말했다고 치자. 대답의 요령에는 어긋난 셈이다. 그렇지만 상사는 자신이 알고자 하는 것에 대하여 추가 질문을 할 것이고 실력이 짱짱한 사람은 그에 대하여 막힘없이 대답을 할 것이다. 그러면 상사는 곧 알아차린다. '말재주는 없지만 실력이 있다'는 것을.

실력도 능력도 없는 사람이 대답의 요령만 안다고 좋은 대답이 나올 수는 없다. 아무리 말을 번지르르하게 잘하더라도 금방 바닥을 드러내고 말 것이다. 그렇기에 좋은 대답법이란 뭐니 뭐니 해도 업무에 박식한 대답이다.

대답도 제대로 못 하면서

요령보다는
정확성

앞에서, 좋은 대답은 실무 능력에서 나온다고 했다. 업무에 밝으면 말주변이 좀 없더라도 얼마든지 좋은 대답을 할 수 있다고 했다. 그것을 계속 설명해 나가겠다.

나는 직장에서 최고경영자(회장)의 비서로 일한 적이 있다. 의전을 담당하는 비서가 아니라 업무를 총괄하여 보좌하는 비서였다. 그래서 우리 회사의 업무에 대하여 구석구석 세밀히 파악하고 있어야 했다.

회장은 시도 때도 없이 전화를 걸거나 호출하여 이런저런 질문을 한다. 그런 경우 앞에서 다룬 대답의 요령이니 '전략적 대답'이니 따위는 공염불에 지나지 않는다.

괜히 'A+α' 대답을 하겠다고 주절거렸다가는 "쓸데없는 소리 말고 묻는 것에나 대답해"라는 핀잔을 듣기 십상이다. 큰 회사의 회장이 비서의 이런저런 이야기를 한가하게 듣고 있을 시간이 어디 있는가. 그렇잖아도 쉴 새 없이 돌아가는 복잡한 업무로 정신이 어지러운 터에 말이다.

이럴 때 대답의 핵심은 '간단명료'에 있다. 짧지만 확실해야 한다. 그것이 최고의 대답법이요, 요령이라 할 수 있다. 최고 경영자의 질문에

"아마 이럴 겁니다."

"~~~하다고 생각합니다."

"~~인 것 같습니다."

라는 식의 흐리멍덩한 대답을 했다가는 회장은 궁금한 것이 있을 때 비서를 찾지 않고 담당 업무의 책임자를 찾을 것이다. 이쯤 되면 업무 총괄 비서는 필요 없는 자리가 된다.

이제 대답법의 본질과 바탕이 무엇인지 알 것이다. 결론적으로 대답의 '요령'이나 '기법' 이전에 업무를 넓고 깊게, 확실히 알고 있어야 한다는 말이다. 업무에 해박한 능력을 갖추는 것이야말로 가장 확실한 대답법을 갖추는 게 된다. 그러려면 평소에 어떤 노력을 해야 할지 답이 나온다. 좋은 대답을 할 수 있는 능력이란 하

루아침에 이루어지는 것이 아님을 깨닫게 된다.

● 비서로부터 배우는 대답의 요령

비서 이야기를 하는 김에 사례를 하나 더 들겠다. 실명을 밝힐 수는 없지만, 예전에 대통령의 유능한 비서실장으로 이름을 크게 떨쳤던 이가 있다. 비서로서 가장 일을 잘했다고 칭송받는 사람인데 그에 대한 에피소드가 지금까지도 전해져 내려온다.

그는 대통령에게 직언을 서슴지 않는 충직함과 더불어 실무에도 매우 밝았다. 어느 정도였냐 하면 청와대 안에 있는 나무들의 학명까지 꿰고 있었다는 것이다. 청와대 경내를 산책하던 대통령이 "저 나무가 뭐지?"하고 지나가듯 묻는 질문에도 학명에서부터 그 나무에 얽힌 여러 이야기까지 정확하게 대답하곤 했다. 그 정도가 되려면 얼마나 많은 노력이 필요했을지 짐작할 수 있다.

그가 대답법의 요령이나 기법 따위를 공부하지는 않았을 것이다. 그때는 이런 책이 있었던 것도 아니니까. 그럼에도 '대답'에 대한 나름의 확고한 생각과 방침은 있었을 것이다. 그리고 그것은 해박하고 정확한 실무 지식이 뒷받침됨으로써 가능한 것이었다.

강조하지만 가장 좋은 대답을 하기 위해서는 그만한 준비가 필요하다. 그 준비의 으뜸은 실무 지식을 쌓는 것이다. 업무에 해박해지는 것이다.

당신이 직장 생활을 하면서 간부 회의에 참석해야 할 경우, 가장 먼저 챙기는 것이 무엇인가? 아마도 업무 현황 자료일 것이다. 업무 현황을 일목요연하게 잘 정돈하여 파일로 만들어서 지참할 것이다. 때로는 노트에 때로는 노트북 컴퓨터에. 왜 그런 준비를 하는가? 답변을 제대로 하기 위해서다.

그런 자리에서 상사는 으레 무엇인가 질문할 것이라는 사실을 경험을 통해 예상하기 때문에 답변에 필요한 여러 현황과 관련된 자료를 챙긴다. 질문을 예상하고 질문 요령을 챙기는 사람은 없다. 이것은 무엇을 의미하는가? 질문에 대한 대답법의 가장 중요한 핵심은 콘텐츠라는 의미가 된다.

대답도 제대로 못 하면서

이렇게 준비한 사람도 있다

세계적으로 이름난 우리나라 모 그룹의 회장 비서는 회장의 스케줄을 관리하고 수행하는 사람이다. 그는 회장의 일정에 나타난 동선을 파악하고는 자기가 먼저 그곳에 가본다고 한다. 회장을 수행하고 목적지까지 이동하는 차 안에서 회장이 던질 질문에 대비하기 위해서다.

그리하여 동선에 나타나는 새로 짓고 있는 건물이나 큰 공사 현장, 특이한 상황을 일일이 체크해두고 회장을 수행한다. 그는 이동하는 차 안에서 회장이 "저건 뭘 짓고 있는 거지?"라며 혼잣말처럼 묻는 질문에도 정확하게 답하는 것이다. 후에 그는 그 그룹의 사장이 되었다. 전설 같은 실화다.

'말 잘하기'보다
'잘 말하는' 대답

　좋은 대답을 하기 위해서는 '말 잘하는 사람'이 아니라 '잘 말하는 사람'이 되어야 한다. 말을 잘하는 사람은 소위 말재주가 있는 사람이다. 솔직히 말해서 말재주, 말솜씨는 타고난다. 여러 책에서 '말재주는 타고나는 것이 아니라 육성되는 것'이라고 하지만 상당 부분 거짓이다. 괜한 부추김이다.

　말솜씨는 얼마나 많은 학식을 갖고 있느냐와 관계가 별로 없다. 학식이 깊지 않은 사람 중에도 말재주가 뛰어난 사람은 많으며, 반면에 학식이 대단한데도 말주변은 형편없는 사람도 많다. 심지어 평생 동안 사람을 가르치는 교육자로서 말과 더불어 살았으면서도 남에게 설명할 때 버벅거리는 사람도 적지 않다. 당신의 주위에서도 그런 사람을 쉽게 발견할 수 있을 것이다. 전자의 사람

　　　　　　　　　　대답도 제대로 못 하면서

을 가리켜 우리는 '말 잘하는 사람'이라고 한다.

● '잘 말하는 사람' 되기

여기서 확실히 해둘 것이 있다. '말 잘하는 것'은 타고난 말솜씨와 관계가 있는 반면에 '잘 말하는 것'은 말솜씨와 관계없이 얼마나 상대에게 어필하는 말을 하느냐와 관련 있다. '말 잘하는 것'은 지식과 별로 관계가 없지만 '잘 말하는 것'은 지식과 관계가 있다. '말 잘하는 것'은 순간적인 재치가 작동하지만 '잘 말하는 것'은 노력과 준비와 전략이 필요하다.

말 잘하는 사람의 말은 듣기에 그럴듯하지만 잘 말하는 사람은 말재주가 없더라도 상대에게 호감을 주고 감동을 준다. 말 잘하는 사람은 때로는 말만 잘하는 사람으로 부정적일 수 있지만 잘 말하는 사람은 그렇지 않다.

어떤 이가 청산유수의 달변을 자랑하더라도 알맹이가 없거나 질문의 핵심을 벗어난다면 그게 무슨 대답인가. 쓸데없는 소리를 늘어놓는 것에 다름 아니다. 반대로 눌변이요, 버벅거리기는 하지만 귀를 쫑긋하게 만들고 사람의 마음을 사로잡는 대답을 한다면 그는 분명히 잘 말하는 사람이다.

물론, 말 잘하는 사람이면서 잘 말하는 사람이 될 수도 있다. 그거야말로 이상적이요, 금상첨화다. 예컨대 타고난 말솜씨가 있는 사람이 업무에 대한 해박한 지식과 정연한 논리와 재치 있는 감각으로 대답을 한다면 그는 말 잘하는 사람이며 동시에 잘 말하는 사람이다. 그것이야말로 진정한 최고의 말솜씨다.

대답법과 관련하여 당신에게 권하고 싶은 것은 '말 잘하는 사람'이 아니라 '잘 말하는 사람'이다. 지금까지 다루고 있는 이 책의 대답법 자체가 말 잘하는 사람이 아니라 잘 말하는 사람이 되기를 권하는 것이다.

그러기 위해 가장 중요한 바탕은 실무 능력이요, 일에 대한 해박한 지식이다. 거기에 덧붙여 좋은 대답을 하려는 의지와 실행이 있다면 말을 술술 하지는 않더라도 상대의 마음을 사는 '잘 말하는 사람' '잘 대답하는 사람'이 될 것이다.

말 잘하는 것 vs 잘 말하는 것

— 재미는 있지만 감동이 없으면 말 잘하는 것일 뿐

— 청산유수로 말하지만 느낌이 없으면 말 잘하는 것일 뿐

— 화려한 언변이지만 알맹이가 없다면 말 잘하는 것일 뿐

— 논리정연하게 말하지만 거짓과 속임수의 궤변이라면 말 잘하는

것일 뿐

　— 말재주는 있지만 분위기 파악(T·P·O)을 못 하면 말 잘하는 것일 뿐

　— 듣는 이의 주의는 끌지만 천박한 이미지를 준다면 말 잘하는 것일 뿐

　— 달변이지만 말 따로 행동 따로라면 말 잘하는 것일 뿐

*

　— 말은 어눌하지만 들을수록 감칠맛이 있다면 잘 말하는 사람

　— 버벅거리기는 하지만 가슴을 뭉클하게 한다면 잘 말하는 사람

　— 가방끈은 짧아도 진심으로 감동을 준다면 잘 말하는 사람

　— 언변은 없는데 말의 내용이 좋다면 잘 말하는 사람

　— 말솜씨는 시원찮은데 상황과 분위기에 맞춰 재치를 보인다면 잘 말하는 사람

　— 눌변이지만 듣는 이에게 좋은 이미지를 준다면 잘 말하는 사람

　— 그리하여 말재주가 없음에도 사람들이 '와우!' 감탄한다면 당신은 잘 말하는 사람

— 나의 책 《내 방식 스피치》 중에서

이런 대답은
안 된다

상사가 질문을 했을 때 대답을 전략적으로 하느냐 아니냐는 사실 상사가 알아차리질 못한다.

'이 친구, 대답을 전략적으로 하는구나.'

'질문을 뛰어넘는 대답을 하는군.'

'이건 A-β의 대답이야.'

이렇게 생각하면서 답변을 듣고 평가하는 사람은 아무도 없다. 그렇기에 설령 전략적 답변을 못 했다고 해서 상사가 기분 나빠하지는 않는다. 더 좋게 평가하지 않을 뿐이다. 자신을 어필하며 능력을 돋보일 수 있는 기회를 살리지 못하는 것뿐이다.

그러나 상사의 질문에 대하여 전략적 대답은 둘째치고 다음과 같이 대답한다면 능력을 돋보이게 하는 것이 아니라 상사의 기분

대답도 제대로 못 하면서

을 매우 언짢게 할 것이다. 심하면 함께 일하고 싶지 않은 사람이 될 수도 있다. 상사에 대한 대답으로 바람직하지 못한 대답, 상사가 싫어하는 대답에 대하여 알아보자. 이름하여 '대답 7거지악(七去之惡)'이라 해두겠다.

● 대답 7거지악

(1) "불가능합니다" "안 됩니다" "어렵습니다"

미국의 남성 전문 웹진 애스크맨(www.askmen.com)의 칼럼니스트 로스 보난더가 '직장 상사에게 절대 해서는 안 될 말 9가지'를 조언했는데 그중 가장 먼저 등장하는 것이 바로 '불가능하다'는 말을 하지 말라는 것이다. 자유분방해서 상사에게 할 말 못 할 말 모두 하면서 직장 생활을 할 것 같은 미국에서조차 그러하니 우리네는 말할 것도 없다.

"A사에 우리 제품을 납품하게 할 수 있겠소?"

이런 질문은 질문의 형태를 띨 뿐이지 지시 또는 명령에 가까운 것이다. 그럴 때 "불가능합니다" "안 됩니다" "어렵습니다"라는 대답을 듣는 상사의 마음이 어떨지는 입장을 바꿔놓고 생각하면 금세 알 수 있다.

상사는 그런 대답을 듣고 싶어 질문한 것이 아니다. 그렇기에 이건 대답도 아니다. 당장 대안이 떠오르지 않는다 하더라도 '불가능'이라는 말을 입에 올려서는 안 된다. 해결책을 찾기 위해 노력하는 모습을 상사들은 좋아한다.

(2) "~~ 때문에" "~~ 한 이유로"

어떤 정치인이 정부의 정책 실패를 추궁하자 정부 측에서 답변을 내놨다. 그러자 그건 답변이 아니라 핑계에 불과하다면서 "핑계로 성공한 사람은 가수 김건모뿐이다"라고 일갈하여 웃음을 자아낸 적이 있다. 김건모 씨의 '핑계'라는 노래 외에는 핑계로 성공할 수 없다는 의미다.

답변도 마찬가지다. 상사는 핑계나 변명을 듣고 싶어 하지 않는다. 물론 정당한 사유나 상사가 알아야 할 사정이 있을 수 있다. 그것을 명확히 밝히는 것과, 자신의 노력과 능력의 부족을 다른 것으로 덧씌우는 핑계와 변명은 다르다.

"오늘까지 계약하기로 했는데 왜 안 됐지?"

이런 질문에 "B사의 상무님이 출타 중이어서…"라거나 "아직 계약 조항에 관한 조율을 끝내지 못해서입니다"라는 등의 변명은 얼핏 정당한 이유 같지만 상사는 핑계로 받아들일 것이 뻔하다. 대답을 하기 전에 정당한 이유인지 핑계인지 분간하여 답변해야 한다.

대답도 제대로 못 하면서

(3) "제가 잘못한 것이 아니고요…"

이런 대답은 핑계나 변명과 같은 것으로 보이지만 그것과 다르다. 보다 더 적극적으로 자기를 방어하는 '책임 회피'의 대답이다. 당신이 잘못한 것인지 아닌지는 말하지 않아도 상사가 다 알고 있다. 지금은 모를지라도 곧 알게 될 것이다. 그런데 구태여 내 잘못이 아니라고 발뺌부터 하려 든다면 그 얍삽한 대답이 상사를 크게 실망시킬 것이다. 모든 책임은 내게 있다는 자세를 대답으로 보여 줘야 한다. 그렇다고 해서 당신에게 책임을 몽땅 뒤집어씌우지도 않는다.

(4) "제가 할 일이 아닙니다" "제 소관 업무가 아닙니다"

앞의 대답이 자신에 대한 책임 회피의 대답이라면 이것은 책임 회피를 넘어 '일 회피', 즉 일을 피하려고 하는 대답이 된다. 직장 생활을 하다 보면 상사가 당신의 소관이 아닌 일을 지시하거나 질문을 던질 수 있다.

그렇다고 해서 대답에 구태여 나의 일이나 소관 업무가 아니라는 것을 직설적으로 밝힐 필요가 있을까? 이런 대답을 하게 되면 '당신은 그게 누구의 업무인지도 모르고 묻습니까?'라는 무언의 항의가 되는데, 요즘의 신세대 직장인들은 단칼에 자신의 입장을 말하는 경우가 적지 않다. 솔직하고 분명한 대답은 되겠지만 결코 바람직한 처신은 아니다.

"곧 알아서 보고하겠습니다"라는 식으로 대답하고 조치해야한다. 그리고 추후 보고(대답)하는 과정에서 자연스럽게 당신의 업무가 아님을 알리는 것이 지혜롭다.

(5) "사실은…"(거짓말)

"사실은…"이라고 말을 하지만 거짓말로 둘러대는 경우를 말한다. 이것이 얼마나 나쁜 것인지는 말하지 않아도 잘 알 것이다. 금물이요, 자신의 무덤을 파는 행위다. 다급한 마음에 그때만 모면하려고 얼렁뚱땅 넘어가지 마라.

인간의 심리란 참 묘한 것이어서 대화 중에 어느 부분부터 거짓말인지를 감지하는 경우가 많다. 당신도 누구와 대화를 나누던 중에 '이 부분은 거짓말'이라는 느낌을 받는 경우가 있었을 것이다. 선의의 거짓말이라 하더라도 상사로서는 받아들이기 어렵다. 거짓은 곧 들통나게 되어 있다. 그러면 끝장이다.

(6) (힘없이) "한번 해보죠" "검토해보겠습니다"

활기차고 열정 있게 "해보겠습니다"라고 말하는 것과 힘없이 "한번 해보죠"라고 말하는 것은 전혀 느낌이 다르다. 후자의 경우, 열정이 없음은 물론 무기력하게 느껴질 것이다. 그 지시가 해결하기 어려운 것인지는 상사가 먼저 알고 있다. 그런데 대답까지 그렇게 한다면 상사에게 좋은 인상을 줄 수 없음은 물론이다.

"검토해보겠습니다."

"생각해보겠습니다."

"고려해보겠습니다."

"시간이 필요할 것같습니다."

"쉽게 될 것 같지 않습니다."

이런 말들도 모두 애매모호한 대답이다. '검토해보겠다'는 말을 상사는 '하고 싶은 생각이 별로 없습니다'라는 말과 거의 동의어로 받아들인다. '생각해보겠다'거나 '고려해보겠다'는 등의 말도 마찬가지다.

특히 '~인 것 같다'는 표현은 주체적인 대답이 아니다. 적극적인 의지가 보이지 않는다. '~인 것 같습니다'라는 표현을 상사와의 비즈니스 대화에서는 피해야 한다. '~으로 알고 있습니다'라는 표현도 마찬가지다. 마치 남의 말을 하듯이 한다면 상사는 그 부하를 신뢰할 수 없다.

(7) "하아…"(한숨, 투덜거림)

어떤 대답보다도 상사를 짜증 나게 하는 건 바로 한숨이다. 상사 앞에서 한숨을 푹푹 쉬는 것은 '당신에게 불만이다' '지시 내용이 한심스럽다' '지금 하고 있는 일이 매우 따분하다' '일을 하고 있는 상황이 답답하다'는 메시지를 전달하는 것과 같다. 당신은 그런 의도가 아니더라도.

앞에서 소개한 칼럼니스트 로스 보난더의 '직장 상사에게 절대 해서는 안 될 말 9가지'에도 이것이 등장하는 것을 보면 미국이나 우리나 상사에 대한 부하의 바람직하지 못한 행태는 비슷한 것 같다.

초점이 어긋난 대답(유머)

중국집 아들이 시험을 보고 집에 돌아오자 엄마가 물었다.

"오늘 시험 잘 봤니?"

"두 개만 빼고 다 맞았어요."

"두 개라니? 무슨 문제였는데?"

"보통의 반대가 뭐냐는 문제였어요."

"뭐라고 썼는데?"

"곱빼기요."

"에구~, 이 녀석. 그럼 또 하나 틀린 것은 뭐지?"

"서비스(Service)라는 단어의 뜻풀이 문제였어요."

"답을 뭐라고 썼는데?"

"군만두요."

대답도 제대로 못 하면서

애매모호한 질문에
답하는 법

비즈니스 대답법을 익히려면 갖가지 상황에 대처하는 법도 알아야 한다. 그러나 사람마다, 상황마다 워낙 다양하기 때문에 그것을 사안별로 어떻게 대처하는지 모두 커버할 수는 없다. 각자 자신이 하는 일과 관련하여 어떻게 대응할 것인지 평소에 준비를 단단히 해야 한다.

상사와의 커뮤니케이션은 늘 어렵고 조심스럽기 마련이다. 평소에는 자신감을 갖고 자기의 생각을 조리 있게 잘 설명하고 대답하다가도 상사 앞에서는 괜히 주눅이 들고 자신감이 사라져 어리바리, 횡설수설하다가 끝나는 경우도 적지 않다. 더구나 상사와의 대면이 개인적인 것이 아니라 비즈니스와 관련하여 공식적으로 대화를 나누는 자리라면 더욱 긴장될 것이다. 평소 친분이 있는 상사요, 개인적인 자리에서는 '형'이라고 부를 정도로 가깝던 상사도 공식적인 자리에서는 어렵기 마련이다.

원래 "상사와의 대화법은 대답법"이라는 말이 있다. 그 정도로 상사의 말은 의문형의 질문이 아니더라도 거의 대부분 대답을 필요로 한다는 것이다. 그러니 더욱 까다롭고 긴장이 된다. 겉으로는 대화의 형식이지만 부하의 말, 즉 대답에 의하여 평가받기 때문이다. 따라서 상사와의 대화는 매 순간이 테스트가 되지만 한편으로는 매 순간이 기회가 될 수도 있다.

이번 장에서는 상사와의 대화에서 일어날 수 있는 몇 가지 상황에서 어떻게 대처할 것인지를 다룬다.

● 상사의 의중을 알고 대답하기
첫째, 상사가 애매모호하게 물어볼 때의 상황이다.
상사와 대화를 해보면 딱 부러지게 질문하는 게 아니라 뜬금없거나 또는 질문인지 지시인지 헷갈리게 말하는 경우가 많다.
"요즘 어때?"
"이번에 새로 맡은 일 괜찮아?"
이런 질문은 그냥 안부를 묻는 것인지 심정을 알려고 하는 것인지, 어떤 정보를 요구하는 것인지 헷갈리게 된다.

대답도 제대로 못 하면서

엘리베이터 안에서, 또는 복도에서 우연히 만나 지나치면서 그런 질문을 받았다면

"예, 잘 지내고 있습니다."

"열심히 하고 있습니다."

이렇게 넘어갈 수 있지만 결재의 과정, 또는 회의에서 그런 질문을 받았다면 제대로 대답해야 한다. 상사의 그 질문은 표현은 애매모호하지만 업무의 진행 상황이나 인사 발령의 적합성 여부 등에 대한 질문일 수 있기 때문이다.

이런 질문에 "열심히 잘하고 있습니다"라는 식으로 역시 애매모호하게 넘어가는 것은 좋은 대답이 못 된다. 얼른 그 자리를 벗어나기 위해 성의 없이 대답하는 것으로 느껴질 수 있기 때문이다. 따라서 좀 더 성의를 담아 형식을 갖춰 대답해야 한다. 형식을 갖춘 대답이란 역시 'A+α'의 대답을 말한다. 예를 들면 이렇게 대답하는 것이다.

"열심히 하고 있습니다. 요즘 가장 큰 현안은 대리점의 효율적인 관리를 위해 컴퓨터 시스템을 재구성하는 겁니다."

"이번 인사에서 좀 낯선 업무를 맡았지만 해보니까 앞으로 회사 생활에 매우 큰 도움이 될 것 같습니다."

둘째, 상사가 나에게 의견을 묻거나 권유할 경우다.

이런 경우가 바로 단순한 질문인지, 지시인지 헷갈리는 상황의 하나다. 예를 들어 "대리점 지원 프로젝트를 약간 늦추면 어떨까? 어때?" 이렇게 묻는다면 "괜찮습니다"라고 단순히 대답할 수 없는 노릇이다. 의견을 묻는 것이므로 지원 프로젝트를 지연시켰을 때 발생할 장단점이나 대리점의 컴플레인 가능성 등을 종합적으로 판단하여 대답해야 한다.

이런 경우, 상사의 의도를 명확히 파악하기 위해 "~한 영향이 예상되지만 좀 늦출까요?"라며 상사의 의견을 물어보는 것도 지혜로운 대답법이 되겠다. 때로는 업무의 목적, 예산, 기간 등 구체적인 질문을 통해 상사의 의도를 명확히 해둘 필요가 있다.

셋째, 내가 모르는 것을 상사가 질문했을 경우다.

이런 상황의 대답은 오히려 간단하다. 모르면 솔직히 "모른다"고 말하면 된다. 모른다는 것이 부끄럽고 당황스러워 그 순간을 모면하려고 얼렁뚱땅 얼버무리거나 잘못된 대답을 해버리면 호미로 막을 것을 가래로도 막지 못하는 큰일이 벌어질 수 있다.

단, "그건 모르겠습니다"라고 대답할 때, 모르는 것이 정상인 것처럼 당당하고 씩씩하게 말하면 당연히 좋지 않다. 모른다는 것을 말할 때는 공손히 자세를 낮출 필요가 있다.

대답도 제대로 못 하면서

"죄송합니다. 그 부분은 파악을 못 했습니다. 확인 후, 즉시 보고 드리겠습니다"라고 겸손하면서도 솔직하게 대답하는 것이 최선이다. 때로는 대답 자체보다 대답하는 태도와 자세가 더 중요할 수도 있으니까.

이렇듯 여러 상황에 대한 대답의 핵심 요령은 상사의 의중을 이해하고 그것에 적절히 대처하는 것이다.

소통할 때 알아야 할 상사의 입장

— 상사의 주위에는 사람이 많다. 그렇기에 '영양가' 있는 소통을 원한다.

— 상사가 바라는 '영양가' 있는 소통이란 가치 있는 정보를 말한다. 그렇기에 가치 있는 정보를 주는 것이 진짜 소통이다.

— 상사는 인기 있는 사람이기를 원한다. 특히 젊은이들의 인기를 소망한다. 따라서 상사에게 접근하기를 두려워하지 마라.

— 상사는 이기적이다. 자기를 알아주는 부하에게 마음을 준다.

— 상사는 정의로운 부하보다 정이 있는 부하를 더 좋아한다.

— 상사도 인간이다. 쿨(냉정)한 소통보다는 핫(따뜻하고 인간미 있는)한 소통을 원한다.

— 상사도 부하와 다를 바 없다. 칭찬을 들으면 좋아하는 속물근성이 있다.

— 상사도 허점이 많다. 엄격한 비판자보다는 감싸주는 부하여야 소통이 된다.

— 상사의 어법은 애매한 경우가 많다. 속 다르고 겉 다를 수도 있다. 그 속내를 읽을 수 있어야 한다.

— 상사는 바쁘다. 성질이 급하다. 따라서 상사와 대화를 나눌 때는 결론부터, 요점 중심으로 하라.

— 상사는 의외로 변덕이 심하다. 웃다가 짜증 내다 그런다. 윈드서핑을 하듯 상사의 변덕과 놀아야 한다.

— 나의 책 《소통의 원리》 중에서

대답도 제대로 못 하면서

직언의 대답을
해야 할 때

"직원들이 요즘 내게 불만이 많지?"

"이번 조치에 대해 사원들이 내 욕을 많이 하지?"

A팀장이 회사에서 강한 리더십으로 소문난 상무에게 결재를 받으러 갔는데 느닷없이 이런 질문을 받았다. 이 질문의 진의는 어디에 있을까?

'아하~~, 상무님이 스스로 잘못한 것을 알고 있구나.'

'사원들 사이에서 어떤 평판인지를 정확히 알고 싶어 하는구나.'

이렇게 생각한다면 아직 멀었다. 상사가 저런 질문을 할 때는

"불만이라뇨? 직원들이 상무님의 진정성을 충분히 이해하고

있습니다."

"욕이 아니라 존경심을 갖고 있습니다."

이런 대답을 듣고 싶어 할지 모른다. 상사도 인간이니까. 또한 인품이 고매해서 상사가 된 것이 아니니까 말이다. 때로는 정확한 대답 이상으로 정이 흐르는 대답이 필요하다(그렇다고 무작정 아부를 하라는 말이 아니다. 상황을 잘 파악하라는 의미다).

상사도 상사 나름이라 과장급 정도의 상사가 대리에게 저런 질문을 한다면 허심탄회하게 진언할 수 있을 것이다. 그러나 부장이나 임원, 더 올라가서 사장이나 회장이 이런 질문을 한다면 간단한 일이 아니다. 하물며 대통령쯤 된다면야⋯.

문재인 대통령이 2018년 말에 노동부 사무실을 방문한 적이 있다. 최저임금 제도가 고용과 경기에 악역향을 미치고 있다고 '시장'에서 볼멘소리가 쏟아질 때였다. 대통령이 물었다.

"최저임금 인상 속도가 너무 빠릅니까?"

그러자 노동부 간부가 답했다.

"온도 차가 다를 수 있는데 일단 소상공인들은 어려움을 호소합니다. 기업들이 감당할 수 있음에도 '조금 더 천천히 갔으면 좋겠다'는 목소리를 낸다는 시각이 일부 있습니다."

그 기사를 보고 웃음이 났다. 어떻게 답해야 대통령의 심기를 건드리지 않으면서 '아부했다'는 세평을 듣지 않고 대답을 제대로 했다고 할지 전전긍긍하는 모습에 눈에 선했기 때문이다. 그 대답을 다시 한 번 읽어보라. 어휘 선택과 표현에 심사숙고의 흔적이 역력함을 알 수 있다. 그것을 두고 신문의 논설위원이 칼럼에서 이렇게 썼다.

"가뭄으로 논바닥이 갈라진 지 몇 달째인데, 왕은 "가뭄이 심하냐"고 묻고 신하는 "갈수기엔 늘 이런데 엄살 피운다"고 답하는 장면이 떠오른다."(동아일보, 2018. 12. 27, 이기홍 논설위원, '대통령의 진화를 막는 코드 경쟁' 중에서)

그만큼, 지위가 상당히 높은 상사에게는 솔직한 대답을 하기가 쉽지 않다는 의미가 되겠다.

● 상사의 심리를 헤아리는 전략

지위가 높은 상사일수록 부하로서 직언 또는 진언을 한다는 것은 쉬운 일이 아니다. 칼같이 하고 싶은 말이 있더라도 솜뭉치로 둘둘 감아서 무디게 할 수밖에 없다. 상대의 심사를 건드리게 되면 좋은 일, 옳은 소리를 하고도 뒤끝이 좋지 않을 수 있기 때문이다. 그래서 상사의 질문에 대하여 쓴소리를 해야 할 때, 바른말을 해야 할 경우에는 요령이 필요하다.

무엇보다도 상사의 입장과 심리를 이해하는 것이 필요하다. 그렇게 하는 것이야말로 전략적 대답이다. 옳은 대답을 하는 것 이상으로 대답을 듣는 이의 기분을 헤아려서 하는 대답도 필요한 전략이다. 아무리 옳은 대답이라도 상대가 싫어한다면? 기분 나빠한다면? 이쯤 되면 대답의 전략이 실패했음을 뜻한다. 대답을 아니함만 못 할 수 있다.

우리는 책에서 "상사에게 직언을 해야 한다"라고 배운다. 때로는 "불이익을 감수하고라도 충언을 해야 한다"라고 배웠다. 상사역시 직언을 해준 부하에 대하여 "고맙다"고 말할 것이다. 그러나 그런 말들은 반은 맞고 반은 틀린다.

직언의 대답을 듣는 상사의 마음이 결코 편하지 않다는 점도 알아야 한다. 인간이기 때문이다. 겉으로는 고맙다지만 속으로는 가슴이 아플 수 있다. 직언과 충언이라면 대개 쓴소리다. 세상에 쓴소리를 좋아할 사람은 거의 없다. 쓴소리, 직언을 하는 부하는 '똑똑한 부하'는 될 수 있지만 '마음에 드는 부하'는 되기 힘들다. 그것이 인간 심리요, 세상사의 이치다.

그렇다고 대답을 솔직하게 하지 않고 '헛소리'를 하라는 말이 아니다. 그건 더 나쁜 행위다. 상사의 판단을 오도하니까. 내가 강조하는 것은 상사의 기분을 언짢게 하거나 가슴 아파할 대답을 할 때는 훨씬 더 진지한 마음으로 해야 한다는 것이다. 쓴소리를 들

대답도 제대로 못 하면서

어야 하는 상사의 마음과 입장을 고려하여 때와 장소와 표현법에도 신경 써야 한다. 그런 전략이 필요하다는 말이다. 단지 '직언을 했다'는 사실이 중요한 게 아니라, 상사가 그 직언을 고맙게 생각하고 수용하는 게 더 중요하기 때문이다.

무엇보다도 직언을 하는 사람의 마음가짐이 중요하다. 어떤 마음가짐으로 직언을 하느냐에 따라 미세하지만 표현이 달라지고 전달되는 감정이 달라진다. 나는 화법과 관련하여 '말의 기술(話術)'보다는 '마음의 기술(心術)'이 중요하다고 늘 강조한다. 즉, 진정으로 상사를 위해서 직언을 하게 되면 말의 내용에서부터 말투, 그리고 직언을 하는 방식, 심지어 표정에 이르기까지 그 진심이 담기게 된다. 직언의 형태를 빌려서 불평불만을 토로하는 것과 분명히 다르다.

직언의 대답을 해야 할 때 극히 조심해야 하는 이유가 여기에 있다.

자유롭게 말하라고?

미국 포드(Ford) 대통령의 비서실장과 국방장관을 역임하고 하원의원, 제너럴 인스트루먼트 회장 등 정·관·재계를 두루 거친 도널드 럼스펠드(Donald Rumsfeld)는 40년 넘게 요직을 맡으면서 경험하고 느낀 것을 정리하여 '럼스펠드 규칙(Rumsfeld's Rules)'이라는 것을 제시하였다. 그 규칙에서 그는 "대통령에게 욕을 퍼붓는다고 생각할 정도로 자유롭게 말할 수 없다면 참모 자리에 있어서는 안 된다"고 하였다. 얼핏 들으면 멋진 말 같지만 현실은 그렇게 간단하지 않다. 역설적으로, 대통령(상사)에게 자유롭게 말할 수 없기에 저런 '어록'이 회자되고 있을 것이다.

"요즘 우리 회사의 분위기가 어떤가?"

사장의 이런 질문에 "사장님께 불만이 엄청 많습니다"라고 대답할 수 있는가? 직언의 대답을 할 때야말로 용기와 더불어 지혜가 필요하다. 대답을 통해 정확한 정보를 전달하는 것도 중요하지만 상대의 심사를 헤아리는 것도 중요하기 때문이다.

부하의 질문에
대답하는 법

유대인의 전통적 학습 방법인 '하브루타'가 원래 각광받는 분야는 자녀 교육과 관련해서다. 질문을 통하여 어린아이의 호기심을 자극하고 그럼으로써 창의성을 개발하게 된다는 것이다. 여기서 중요한 것은 부모가 자녀에게 하는 질문이 아니라 자녀가 부모에게 하는 질문이다. 즉, 자녀로 하여금 끊임없이 "왜?"를 말하게 함으로써 호기심을 충족시켜나가야 한다.

그러려면 어린아이가 계속해서 질문할 수 있도록 분위기를 조성하는 것, 즉 질문을 잘 받아주어야 한다. 우리 식으로(요즘 신세대 부모는 그렇지 않지만) "뭘 자꾸 물어?" "이제 그만!" "웬 말이 그렇게 많아"라고 쏘아붙인다면 질문의 싹을 잘라버리는 게 된다. 그때부터 아이는 입을 다물 것이다.

여기서 부모를 상사로, 아이를 부하로 바꿔서 생각해보자. 그러면 상사가 부하의 질문을 어떻게 대해야 할지, 부하의 질문에 어떻게 응수해야 할지 답이 나온다. 물론 자녀의 호기심을 불러일으키고 창의성을 북돋우는 것과, 부하와 상사 간의 질문과 대답이 같은 성질의 것이 아니기는 하지만.

요즘 소통에 대하여 귀가 아프게 듣고 있을 것이다. "경영은 소통"이라고 하며 "리더십 또한 소통"이라고 한다. 소통이란 무엇인가? 통하는 것? 어쩌면 부하가 마음 편하게 질문하도록 하는 것이 소통의 핵심일지 모른다. 부하가 마음 편하게 상사에게 질문할 수 있으려면 어떻게 해야 하나?

지금까지는 상사의 질문에 대한 부하의 답변을 주로 다루었으나 이번 장에서는 상사로서 부하의 질문을 받아들이는 자세, 부하의 질문에 대답하는 방법에 대하여 알아보자. 5가지로 요약하겠다.

● 상사의 대답 요령 5가지
첫째, 자유롭게 말하게 할 것.
부하는 상사에게 질문하기를 꺼린다. 회의에서든 결재 과정에서든 부하는 가급적 빨리 상사와 함께 있는 자리를 벗어나고 싶어한다. 불편하기 때문이다. 특히 상사는 부하를 보면 질문하는 게

대답도 제대로 못 하면서

습관화되어 있다. 그것이 신변에 관한 질문이 아니라 업무에 관한 질문이라면 부하는 긴장할 수밖에 없다. 혹시라도 대답을 제대로 하기 힘든 것을 물어볼까 봐 긴장한다. 그래서 상사의 곁을 떠나려 한다. 그래서 소통이 힘들다.

소통을 위해 '야자 타임'을 갖는 기업이 있다. 나이와 계급을 고려하지 않고 친구처럼 이야기해보자는 것이다. 왜 상사와 '야자'를 하게 하는가. 거리낌 없이 말하라는 것이다. 자유롭게 말하라는 것이다.

부하의 질문에 대한 대답법을 배우기에 앞서 부하가 무엇이든 궁금한 것을 마음껏 질문할 수 있게 하는 것이 먼저다. 부하의 질문에 상사가 어떻게 대답해야 하는가는 그다음의 문제다. "이 사람아, 그것도 몰라?"라고 말하거나, 한심스럽다는 느낌이 표정에 나타나면 끝장이다. 모르니까 묻는 것이요, 당신에게 묻는다는 것은 당신의 실력을 인정하고 있다는 증거다.

"좋은 질문이야."

그렇게 말하라.

"무엇이든 질문하라." 20세기 최고의 물리학자 알베르트 아인슈타인이 남긴 명언이다.

둘째, 자상하게 대답할 것.

부하가 자유롭게 질문하게 했다면 이제 대답할 차례다. 귀찮은 내색을 한다면 질문의 문이 닫힌다. 부하의 하찮은 질문에도 정성을 다해 자상하게 답할 수 있어야 리더다.

미국의 제26대 대통령 시어도어 루스벨트(Theodore Roosevelt: 제2차 세계대전의 주역인 32대 대통령 프랭클린 루스벨트와 헷갈리지 말자)는 독특한 성격의 인물이다. 미국의 역대 대통령 가운데 러시모어 산에 큰 바위 얼굴이 조각된 네 명의 대통령 중 한 사람일 정도로 널리 인정받은 대통령이지만 한편으로는 다혈질에 전쟁광적 측면이 있으며, 열렬한 인종주의자인 동시에 사회진화론자로서 '가장 진화된 민족인 미국인에 의해 세상이 지배되어야 한다'는 신념을 품고 있었다.

1905년 러일전쟁이 끝나면서 러시아와 일본 간의 포츠머스 조약을 주선한 공로로 노벨 평화상을 수상했지만 그는 "나는 일본이 한국을 손에 넣는 것을 보고 싶다"고 말할 정도로 일본에 경도된 인물이다. 실제로 포츠머스 조약의 결과로 일본의 한반도 식민지화가 시작되었으니 우리로서는 결코 좋은 대통령은 아니다.

그런 역사적 공과는 별개로 하고, 데일 카네기는 루스벨트의 특징을 부드러움과 따뜻함이라 했다. 신분의 고하를 불문하고 다른 사람의 일에 친절히 신경을 써주고 배려해줌으로써 "이 사람을 위해서라면 죽어도 좋다"고 말하는 사람이 적지 않았다고 하니 사람은 양면성이 있는 존재임이 틀림없다.

루스벨트의 사저에서 시종으로 일한 제임스 아모스라는 이가 있는데 그가 쓴《시종의 영웅 루스벨트 대통령》이라는 책에는 이런 일화가 소개되어 있다.

어느 날, 아모스의 부인이 루스벨트 대통령과 이야기를 나누던 중 메추리에 대하여 물어본 적이 있다. 한 번도 메추리를 본 적이 없다면서. 그러자 루스벨트는 메추리가 어떤 새인지 자세하게 설명했다. 천하의 미국 대통령이 사용인의 부인에게까지 정성껏 설명을 해준 것이다. 더 놀라운 것은 얼마 후 아모스의 집으로 전화가 걸려왔는데 "지금 창밖에 메추리가 앉아있으니 빨리 내다보라"는 루스벨트의 전화였다.(데일 카네기,《카네기 인간관계론》, 최염순 옮김, 성공전략연구소, 1995)

부하의 질문에 대답하는 상사의 자세가 어때야 하는지 감이 잡힐 것이다.

셋째, 도움이 되는 대답을 할 것.

부하가 상사에게 질문을 한다면 그만한 사정이 있을 것이다. 질문은 업무와 관련된 것일 수도 있고 때로는 사적인 조언을 구하는 형태로 나타나기도 한다. 대답이든 조언이든 상사라면 상사다운 높은 식견과 판단을 내릴 수 있어야 한다. 그래야 상사답다.

부하의 질문에 대한 상사의 답변은 부하에게 도움이 되는 것이어야 한다. 상사의 식견과 지혜가 돋보이도록 말이다.

넷째, 상대의 입장에서 답할 것.

노스웨스턴 대학교 켈로그 경영대학원의 애덤 젤린스키(Adam Galinsky) 교수가 재미있는 실험을 제안했다.

먼저 오른손을 주먹 쥐고 검지(엄지 다음 손가락)를 편 후에 그 손가락으로 자신의 이마에 영어의 대문자 E를 써보라는 것이다. 이때 글자를 쓰는 방식은 2가지다. 하나는 자기의 입장에서 E 자를 쓰는 것이고 다른 하나는 상대방이 읽기 쉽게 E 자를 뒤집어서 쓰는 것이다. 아주 간단한 실험이지만 이것은 사람의 성향을 테스트하는 좋은 방법이다. 즉, 다른 사람의 시각으로 세상을 볼 수 있는 능력을 측정하는 것이다.

만약 상대방의 입장에서는 반대 방향이지만 당신 자신이 읽기 쉽게 썼다면, 자신에게는 반대 방향이지만 상대방이 읽기 쉽게 올바른 방향으로 쓴 사람에 비하여 자기중심적 성향이 강하다고 한다.

젤린스키 교수는 이와 관련하여 사람들이 권력을 갖게 될수록, 즉 리더가 될수록 자기가 읽기 쉽게(다른 사람이 읽기 어렵게) E

자를 쓴다고 했다. 그래서 '권력은 다른 사람의 시각과 사고, 느낌을 이해하려는 경향을 낮춘다'고 결론 내렸다.(다니엘 핑크,《새로운 미래가 온다(A Whole New Mind)》, 김명철 옮김, 한국경제신문사, 2012)

리더, 상사가 될수록 상대보다는 자기중심적이 된다는 말은 부하에 대한 답변을 할 때도 자칫하면 부하의 입장을 이해하지 못하고 자기중심적으로 말하고 자기중심적으로 들을 위험이 높아진다는 의미가 된다.

어렵사리 질문을 던진 부하의 입장과 심정을 헤아린다면 답변이 달라질 것이다. 부하는 아무래도 접하는 정보가 적고 품질 또한 낮을 수 있다. 숲을 보지 못하고 나무만 볼 수도 있다. 그 처지와 입장을 헤아려서 질문을 듣고 대답해야 한다.

다섯째, 오만과 편견을 버릴 것.

부하의 질문에 자상하고 성실하게, 그리고 부하의 입장에서 도움이 되는 대답을 하려면 리더로서의 오만과 편견을 버려야 한다.

리더들의 교만을 지적한 사람은 많다. 그중 한 사람이 실패학의 대가인 미국 다트머스 대학 경영대학원의 시드니 핑켈스타인(Sydney Finkelstein) 교수다. 그는 '실패하는 CEO의 7가지 습관'을 제시한 바 있는데, 요약하자면 "교만, 겸손 부족, 자기만족과 안주, 다른 모든 이들보다 더 많이 알고 모든 해답을 쥐고 있다는 착각, 자신과 기업이 환경을 지배한다는 오판, 중요한 장애물에 대한 과소평가와 적응력 결여 등"이라고 했다. 즉, 리더들은 '내가 다른 사람들보다 더 많이 알잖아. 그러니 내가 옳다'는 착각을 하게 되고, 그럼으로써 겸손하지 못하고 오만하게 된다는 것이다.(매일경제, 2015. 3. 12)

리더들이 오만과 편견에 빠지는 것은 과학적으로도 근거가 있다. 아일랜드 트리니티 칼리지 심리학과의 이안 로버트슨 교수는 보스나 리더가 되면 그가 얻게 된 권력이 뇌의 화학적 작용을 바꿔 놓는다고 했다. 즉, 권력을 갖게 되면 뇌에서 도파민 수치가 높아지는데 도파민은 사람을 똑똑하게 만들고 목표에 집중하게 하지만, 냉혹하고 위선적인 성격으로 변화시키며 판단력을 흐리게 한다고 말했다. 도파민의 증가는 이기심과 위선을 강화하며 자만해지고 남을 괴롭히는 경향을 보이는 부작용을 낳는다. 특히 자신이 직위에 걸맞은 능력이 없다고 느낄 때 직원들을 더욱더 괴롭힌다는 것이다.(매일경제, 2013. 11. 8)

따라서 당신이 상사라면 자신도 모르는 사이에 오만과 편견에 빠질 수 있다는 점을 자각하고 보다 더 겸손한 자세로 부하를 대해야 한다. 그러면 자연스럽게 바람직한 대답을 해줄 수 있을 것이요, 부하는 상사와 함께 대화하는 것을 좋아할 것이다.

상사의 답변
7거지악

부하 직원이 상사에게 질문을 한다는 것은 나름의 애로 사항이 있는 것이어서 아무래도 조심스럽게 말하게 된다. 물론 상사라 하더라도 대리와 과장급 정도라면 얼마든지 동료처럼 질문할 수 있다. 그러나 직위에 상당한 차이가 난다면 사정은 다르다. 예컨대 사원이 부장이나 임원과 대화를 나누면서 질문을 한다면 어떻겠는가? 그것은 상사가 자신의 젊은 날을 돌아보면 실감할 수 있을 것이다. 이럴 때 상사는 앞에서 다룬 대로 친절하고 자상하게, 그리고 도움이 되는 대답을 해야 하지만 그렇게는 못 하더라도 최소한 부하의 기를 꺾고 소통을 차단하는 말을 해서는 안 된다. 다음과 같은 상사의 반응이 바로 상사에게 질문하기를 꺼리게 하고 말문을 닫게 하는 것들이다. 앞의 27장에서 부하의 '대답 7거지악'

을 다뤘는데 이번에는 이름하여 '상사의 답변 7거지악'이다.

● 이런 대꾸가 소통을 막는다

(1) "그것도 모르나?"

그렇잖아도 조심스러운 마음으로 질문을 했는데 "그것도 모르나?"라고 되묻는다면 소통은 끝장이다. 이건 대답이 아니라 면박이다. 그런 대꾸를 들으면 다시는 질문하지 않을 것이다.

(2) "시키는 대로만 해."

업무 지시를 받고 부하가 자신의 의견을 질문의 형태로 제시했는데 "시키는 대로만 해"라고 응답하면 말문이 막힌다. 그런 말은 독불장군형 상사의 전형적인 대답이다.

(3) "몰라도 돼."

연인 사이에서 이런 말을 하면 이별 사유가 된다. 물론 상사로서 부하에게 숨기고 싶은 것들이 있을 것이다. 괜한 발설로 어떤 일이 벌어질지도 모른다. 그러나 부하가 물어본 것이 설령 비밀이라 하여 대답해줄 수는 없더라도 이렇게 면박을 주는 식이라면 소통이 될까?

대답도 제대로 못 하면서

(4) "그걸 나한테 물으면 어떡해."

부하가 상사에게 질문할 것이 아니라 스스로 해결해야 할 사안을 상사에게 물어보는 경우가 있다. 상사의 입장에서는 내심 '나에게 묻지 말고 연구를 해봐'라는 불쾌함이 있을지라도 "그걸 나한테 물으면 어떡해"라고 해서는 안 된다. 어떤 질문이라도 할 수 있게 하는 것이 소통의 핵심이다. 그래야 상사다운 상사다.

(5) "알아서 해."

"이걸 이렇게 하면 어떨까요?" "이렇게 해도 될까요?"라고 조심스레 묻는 부하를 향하여 저렇게 쏘아붙인다면 어떻게 되는가? "알아서 하라"는 말은 책임지지 않겠다는 의미가 되며 동시에 소통을 단절하겠다는 신호가 된다.

(6) "학교에서 안 배웠나?"

상사가 이런 말을 한다면 근본적으로 부하를 깔보고 무시하는 것이다. 어쩌면 상사가 소위 일류 학교를 나왔거나 거꾸로 학벌에 대한 열등감이 있는지 모른다. 부하가 어렵사리 질문을 하는데 대답을 하지 않고 학교, 학벌을 왜 들먹이는가? 학교에서 배우고 안 배우고를 떠나서 모르니까 묻는 것이다.

아 참, 초등학교 아니 유치원 시절부터 귀가 아프게 들은 말이 있다. 그래서 배운 게 있다. "모르는 건 무엇이든 질문하라"라는 말이 그것 아닌가.

(7) "하아~~"(한숨)

이것은 부하의 답변 7거지악에도 포함되는 것이다. 로스 보난더의 말대로 '직장 상사에게 절대 해서는 안 될 말'이지만 동시에 '부하에게 절대로 해서는 안 될 말'이기도 하다. 부하의 질문에 제대로 대답하지 않고 "하아~~" 하고 한숨 짓는다면 이건 대답이 아니라 인격 모독이다. 부하가 한심스럽다는 의사 표시인데, 이쯤 되면 상사 역시 한심스럽기는 마찬가지다.

대답도 제대로 못 하면서

협상에서의
대답법

"이거, 생각보다 비싸네요. 좀 깎아주실 수 있습니까?"

"여긴 정찰제라서 곤란합니다."

"곤란하다…, 그러니 안 된다는 말씀은 아니군요. 가능할 수도 있다는 거죠?"

"하하하, 재미있게 말씀하시네요. 그러나 이미 세일 기간이 지나서 안 됩니다."

"에이~, 세일이 바로 어제까지였는데요, 뭘…. 세일 가격으로 해주세요."

물건을 사려고 할 때 우리가 흔히 들을 수 있는 질문과 대답이다. 이를테면 물건 값을 놓고 흥정하는 것인데 이것이 바로 협상이다. 우리의 일상은 협상의 연속이다. 우리의 삶은 인간관계요, 인간관계 자체가 협상이다.

비즈니스 세계에서는 말할 것도 없다. 비즈니스에서는 단순한 인간관계가 아니라 비즈니스를 중심으로 항상 '거래'가 이루어지는 관계이므로 끊임없이 협상하게 된다. 고객과 점원 사이에서뿐만 아니라 회사와 회사의 관계는 물론이고 같은 회사 내에서도 팀과 팀 사이에 협상은 수시로 벌어진다.

협상에 관한 이론은 많다. 어떻게 하면 협상을 잘할 수 있는지에 대한 책들도 수없이 많다. 협상은 결국 제의하고, 탐색하고, 계산하고, 손익을 따지고, 대안을 제시하고, 조정하면서 공동의 최대 이익을 향해 나아가게 된다. 그 과정에 동원되는 중요 패턴이 바로 질문과 답변이다.

● 협상에서의 대답 기능

협상에서는 질문이 곧 대답이고 대답이 또 질문이다. 질문의 형태로 대답하며 대답의 형태로 질문하기 때문이다. 앞의 대화를 다시 보자.

"여긴 정찰제라서 곤란합니다."

이건 분명히 대답이지만 한편으로는 "그러니 당신의 의향은 어떻습니까?"라는 질문을 내포하고 있다. 협상에서 대답이 갖는 기능은 3가지로 요약할 수 있다.

첫째, 대답을 통해 상대의 생각과 의중을 파악한다.

대답을 듣고 상대는 나름의 대답(그것이 질문의 형태를 띨 수도 있지만)을 할 것이다. 대답에는 부지불식간에 그 사람의 생각과 입장과 의중이 담기게 된다. 그것은 곧 협상을 유리하게 진전시키는 귀한 정보가 될 것이다.

둘째, 협상의 주도권을 쥐게 된다.

질문을 하는 것이 협상의 주도권을 쥐는 것이라 생각할 수 있다. 협상은 대화를 하는 것인데 질문은 능동적임에 반하여 대답은 수동적이기 때문이다. 그러나 곰곰이 생각해보라. 질문을 한다는 것은 그만큼 정보가 부족하다는 것이요, 의중을 파악하지 못하고 있다는 것을 의미한다. 대답에 따라 질문자의 방침과 계획이 달라질 수 있다는 뜻도 된다. 그러니 누가 협상의 주도권을 쥐고 있는 것인가. 협상에서는 질문이 '을'이고, 대답이 '갑'인 경우가 의외로 많다.

셋째, 설득의 기능을 발휘한다.

협상을 하게 되면 자기의 요구를 관철하기 위해 상대를 설득하려 애쓴다. 그러니 계속 자기 입장을 설명하고 자기의 주장을 펴기 바빠진다. 그럴수록 상대는 방어막을 치고 어떻게 더 효과적으로 자기주장을 펼 것인지 궁리할 것이다.

상대를 설득하는 방법에는 질문도 있고 대답도 있다. 때로는 질문을 통하여 상대에게 공을 넘김으로써 상대의 반응을 유도할 수 있다. 이렇듯 질문이 간접적인 설득 행위라면 대답은 직접적인 설득 행위이다.

앞에서 보여준 물건 값 흥정의 사례를 다시 보라. 답변하는 사람도 결국은 답변을 통해 상대의 의중을 파악하려 하고 협상의 주도권을 쥐려 하며 설득의 효과를 극대화하려고 하지 않는가.

그럼에도 지금까지 많은 논자들은 '질문'에 포커스를 맞추어 왔다. 질문을 어떻게 해야 협상을 성공적으로 이끌 것인지에 대한 여러 이론을 제시한 것이다. 질문에 중점을 두는 사람들은 아마도 "공격이 최선의 방어"라는 말을 신봉하며 질문이야말로 '공격'이라고 믿는 모양이다.

그렇다면 답변은 마냥 방어만 하는가? 당연히 그렇지 않다. 답변은 또 다른 형태의 공격이요, 설령 그것이 방어라 하더라도 얼마든지 협상을 주도적으로 이끌 수 있다.

탁구 경기를 보면 세차게 공격하던 선수가 스스로 무너지는 경

대답도 제대로 못 하면서

우를 많이 봤을 것이다. 끈질기게 방어한 쪽이 승리하는 것을 보면 방어 또한 좋은 전략임을 부인할 수 없다. 더 중요한 것은 협상의 대화에서 대답하는 쪽이 처음부터 끝까지 대답만 하는 것은 아니라는 점이다. 앞의 흥정에서 보듯 상호 간에 질문과 대답의 입장이 서로 바뀌어 가며 협상하게 된다. 그러므로 질문에만 초점을 맞추지 말고 대답을 어떻게 할 것인지를 배우는 것도 협상 성공의 가능성을 그만큼 더 높이게 될 것이다.

대답의 설득 기능을 잘 보여주는 사례가 다음 장에서 소개하는, 우리가 너무도 잘 알고 있는 서희 장군의 담판이다.

서희 장군에게서 배우는
대답의 묘

물건을 사고파는 흥정만이 협상이 아님은 물론이다. 때로는 회사의 사활이 걸린 협상도 있고, 나라의 명운을 판가름 나게 하는 협상도 있다. 외교도 결국 협상이다. 원래 그런 협상에서 돋보이는 것은 질문(공세)이 아니라 오히려 대답(응수)이다. 공세(질문)는 갑의 전략이기에 잘해봤자 본전이지만 응수(대답)는 약자의 전략이기에 성공하면 대박이 될 수 있다. 전쟁을 보더라도 공격이 이기면 당연한 것이 되지만 방어가 성공하면 크게 각광을 받게 된다. 그 응수의 사례로 우리가 가장 잘 알고 있는 역사적 협상(담판)을 꼽으라면 서희 장군을 빼놓을 수 없다.

대답도 제대로 못 하면서

● 탁월한 대답은 논리적 탁월성에서

중국에서 송이 건국되고 고려가 친송정책을 펴자 거란족의 요(遼)나라는 고려를 굴복시키기 위해 80만 대군을 앞세워 쳐들어왔다. 여요전쟁(麗遼戰爭)이다. 전쟁은 성종 12년(993)부터 현종 10년(1018)까지 3차례에 걸쳐 크게 벌어졌는데 우리가 잘 아는 서희 장군의 담판은 1차 전투인 봉산(蓬山) 전투에서의 일이다. 요약하자면 거란의 질문에 서희의 기막힌 답변이 통한 것이다. 협상에서 논리적 답변이 얼마나 중요한지를 잘 보여준다.

고려의 항복을 요구하는 거란에 대하여 누가 나서서 화친을 맺을 것인지, 성종은 적군과 협상할 사람을 찾았으나 선뜻 나서는 이가 없었다. 자칫 협상에 실패하면 적진에서 목숨이 위태로울 수 있고, 경우에 따라서는 돌아와서도 협상 실패의 책임을 물어 위기를 맞을 수 있기 때문이다. 이때 용기 있게 나선 이가 서희 장군이다.

장군이지만 문관 출신의 외교관이라 할 수 있는 서희는 드디어 적진에서 거란의 총사령관 소손녕과 대좌한다. 소손녕은 서희를 만나기 전에 그의 기를 꺾을 생각으로 "나는 대국의 귀인이니 뜰에서 절을 해야 한다"고 거드름을 피웠지만 "신하가 임금을 대할 때는 절하는 것이 예법이나, 양국의 대신들이 대면하는 자리에서 어찌 그럴 수 있는가?"라며 끝내 굽히지 않아 결국 대등하게 대좌한다. 첫 번째 기싸움에서 서희 장군이 승리한 것인데 그냥 버티기만 해서 될 일은 아니다. 논리 싸움에서 이긴 것이다. 담판이 시작되면서 소손녕이 물었다.

"당신네 나라는 옛 신라 땅에서 건국하였다. 고구려의 옛 땅은 우리나라에 소속되었는데, 어째서 당신들이 침범하였는가?"

이 질문에 서희 장군이 답한다.

"우리나라는 신라가 아니라 고구려의 후예이다. 그러므로 나라 이름을 고려라 하고, 평양을 국도로 정한 것 아닌가? 오히려 귀국의 동경도 우리 영토로 들어와야 하는데 어찌 거꾸로 침범했다고 하는가?"

대국의 80만 대군을 배경으로 삼고 소손녕이 고구려의 옛 땅을 누가 차지하는 게 정당한가를 전쟁의 명분으로 삼아 따지며 물었는데 서희 장군은 상대가 꼼짝 못 할 논리로 당당하고 절묘하게 응수한 것이다. 그것은 질문의 형태를 띤 대답이었다.

이제 적장이 서희 장군의 질문에 대답해야 할 순서다. 그런데 어쩌겠는가? 소손녕의 말문이 막히고 말았다. 응수(대답)에서 소손녕이 완패한 것이다. 그것으로 전쟁은 끝나고 오히려 여진족이

대답도 제대로 못 하면서

차지하고 있던 강동 6주를 고려의 영토로 편입시키게 된다. 고구려 멸망 이후 처음으로 국경이 압록강에 이른 것이 이때다.

서희 장군의 사례에서 우리는 대답이 곧 질문이며 질문이 대답일 수 있음을 알게 된다. 또한 공격 못지않게 방어의 중요성도 깨닫는다. 그리고 가장 중요한 협상 대답의 핵심은 논리가 완벽해야 한다는 것이다. 문제는 질문을 압도하는 논리의 탁월성이다.

협상, 어떤 마음으로
대답할까?

협상은 '밀당(밀고 당기는)'이다. 겉으로는 협력하는 체하지만 속으로는 각자의 이익을 지켜내야 한다. 말로는 '윈-윈'이라고 하지만 정해진 '파이'를 놓고 서로가 크게 만족하기는 어렵다. 대충 적절한 선에서 양보하는 것이 협상이다. 그러고는 "윈-윈했다"고 하는 경우가 대부분이다. 협상에서 한쪽의 완벽한 승리란 없다. 그러면 상대방은 완패하는 거니까.

협상에서는 상대의 의중을 파악하기 위해 교묘히 정제되고 기획된 질문을 한다. 때로는 진지하게 때로는 농담처럼. 질문을 하는 이유는 간단하다. 상대의 의중, 숨겨진 카드를 알기 위해서다. 질문에 대한 답에는 알게 모르게 유용한 정보가 묻어나오기 마련이다.

대답도 제대로 못 하면서

말이란 원래 그렇다. 말이 말로써 끝나는 게 아니다. 아무리 숨기려 해도 대답하는 사람의 표정, 어조, 몸짓, 심지어 시선 속에도 의중의 일단이 담긴다. 그리고 그것은 말하는 이의 심리에 따라 미묘하지만 시시각각 변한다. 그래서 노련한 협상가는 말의 속도와 어조, 표정과 몸짓을 관리하는 데 익숙하다. 포커페이스(poker face)가 바로 그것이다.

● 진심이 전달되도록

협상이 잘 되려면 상호 간의 신뢰가 바탕이 되어야 한다. 질문과 대답을 통하여 상대방에게 신뢰를 얻을 수 있어야 협상은 앞으로 나아간다. 어떤 미사여구를 사용하더라도 상대방을 신뢰하지 못하면 협상은 겉돌게 마련이다. 신뢰는 어떻게 얻는가? 답변이 솔직해야 한다. 솔직하다는 것은 무엇인가? 정보를 숨기지 않는 것이다.

여기에 문제가 있다. 협상에서 어떻게 정보를 숨기지 않을 수 있는가. 모든 걸 털어놓고 어떻게 협상을 이끌 수 있는가. 모든 정보를 공개한다면 신뢰는 얻을 수 있을지 몰라도 협상에서 얻을 수 있는 게 적어지는 건 당연하다. 패와 수를 다 보인 사람이 게임에서 이길 수 없는 것은 상식이다.

그럼 정보를 노출하지 않으면서 신뢰를 얻으려면 어떻게 해야 할까? 그래서 노련한 답변을 해야 한다. 그것은 협상의 파트너와 호흡을 맞춰 인간적으로 신뢰할 수 있도록 하면서도 피알(PR, 여기서는 홍보라는 의미가 아니다), 즉 피할 것은 피하고 알려줄 것은 알려주어야 한다. 숨기는 것을 상대가 알더라도 '협상 상대로서 어쩔 수 없는 입장'임을 상대가 충분히 납득할 수 있도록 해야 한다.

하버드 경영대학원의 앨리슨 우드 브룩스(Alison Wood Brooks)와 레슬리 K. 존(Leslie K. John) 교수는 말하기를, 대답은 정보 비공개(privacy)와 공개(transparency)라는 하나의 선상에서 어디에 발을 디딜지 선택하는 일이라고 했다.

'물어봤으니 대답해야 할까?'

'대답한다면 얼마나 털어놔야 할까?'

'솔직하게 답했다가 나만 초라해지거나 전략적으로 불리해지면 어떡하지?'

를 고민하며 스펙트럼의 양끝(완전 비공개와 완전 공개) 사이에서 전략적 판단을 할 수밖에 없는 것이다. 따라서 대답의 장점을 극대화하고 단점을 최소화하기 위해서는 먼저 공개할 정보와 비공개 정보를 구분하고 대화에 임해야 한다는 것이다.(〈하버드 비즈니스 리뷰 코리아〉, 2018. 5~6월 합본호)

중요한 사실은 내가 갖고 있는 패와 수, 즉 정보를 얼마나 공개

하느냐에 있는 것이 아니다. 어떻게 협상의 결과를 극대화할 수 있느냐에 있다. 그러므로 속된 말로 '통밥'을 굴리며 대답의 전략을 스스로 세울 수밖에 없다. 그래서 협상이 어렵다. 상대적이므로.

'내가 당신보다 한 수 위다. 이 협상에서 당신은 나를 당하지 못할걸.'

'당신이 내 속셈을 알아? 우리가 완승할 거다.'

이런 마음으로 협상에 임하면 안 된다. 어떻게 하면 적절한 선에서 상호 이익을 조절하며 끝낼 수 있는지 고민해야 한다.

'당신도 살고 나도 사는 길을 택하자.'

이런 진지한 마음을 갖고 있으면 그 마음이 답변을 통해 상대방에게 전달되고 인간적 신뢰를 얻음으로써 협상은 물 흐르듯 진행될 수 있다. 그렇다면 어떻게 대답하면 그것이 가능해질까? 다음에서 다루는 '협상 대답법의 기술'을 참고하자.

*

"거래라는 것은 서로에게 이익이 되지 않으면 절대로 성립되지 않는다."

—벤저민 프랭클린

협상 대답의
기술

협상은 질문과 답변으로 상대를 설득하는 과정이다. 질문이 공격이요, 대답을 방어라고 한다면 공격만이 최선은 아니다. 방어를 통해서도 얼마든지 협상을 주도적으로 이끌 수 있다고 앞에서 말했다. 때로는 답변이 협상을 주도하지는 못하더라도 상대의 전략과 의도를 무력화시킬 수 있고 한발 더 나아가 질문하는 측의 스텝을 꼬이게 하여 협상의 결과를 유리하게 이끌 수 있다. 그것이 협상에서 대답이 갖는 기능이며 효용이다. 협상에서 대답을 할 때는 다음의 7가지를 유념해야 한다. 이를테면 '협상 대답의 7가지 요령'이다.

대답도 제대로 못 하면서

● 협상 대답의 7가지 요령

(1) 서두르지 말 것.

협상 상대가 질문을 하면 이쪽에서는 본능적으로 즉각 대답하려는 심리가 작동한다. 협상에서는 서두르는 사람이 하수다. 협상에서의 대화는 아마추어 탁구선수처럼 하면 안 된다. 아마추어는 상대가 강 스매싱을 하면 덩달아 강하게 받아친다. 본능적이다. 그러나 노련한 선수는 어떻게 하던가. 느긋하게(?) 여유 있게 끈질기게 받아넘기지 않던가. 협상 상대가 질문을 한다면 이제 공은 당신에게 넘어와 있는 것이다. 그러니 서두를 필요가 없다. 천천히 생각 좀 하고 나서 대응해도 충분하다. 협상에서의 대답 요령 첫째는 일단 서두르지 말라는 것이다.

(2) 경청하며 의중을 파악할 것.

대답을 서두르지 않으려면 상대의 말을 잘 듣는 과정을 통해 여유를 갖는 게 좋다. 경청하라는 말이다. 경청에 대하여는 귀가 아프게 들었을 것이니 더는 강조할 필요가 없겠다. 단, 한 가지 유념할 것이 있다. 대부분의 사람들은 상대의 말을 들을 때 경청하지 않고 그의 말이 끝난 후에 무엇을 말할까를 생각한다는 사실이다. 그것은 경청한 이후에 해도 늦지 않다.

상대의 말을 제대로 듣지 않고 '나는 어떤 대답을 할까?' 하고 계산에 골몰한다면 상대의 의중을 읽지 못한다. 일단 잘 들어야한다. 잘 듣는다는 것은 상대가 왜 그런 말을 하는지, 상대가 제의하는 말의 숨은 뜻은 무엇인지를 알아내는 것이다. 그래야 제대로된 답이 나온다.

(3) 천천히 여유롭게 말할 것.

상대의 말이 자극적이고 불편하더라도 여유를 가져야 한다. 협상에서 상대는 일부러 당신의 심리를 자극하는 말을 할 수 있다. 당신이 어떻게 반응하는가를 보기 위해서다. 상대의 자극에 흥분하면 일을 그르친다. 흥분하지 마라. 흥분하면 말이 빨라지고 목소리가 커지며 그러면 생각이 꼬이게 된다. 생각이 꼬이면 당연히대답 역시 꼬인다. 협상에서 패한다.

(4) 표정에 답이 보이지 않게 할 것.

협상할 때 노련한 사람은 표정에 변화가 없다. 상대로 하여금자신의 내심을 읽지 못하게 하기 위해서다. 포커페이스의 심리적효과를 아는가? 포커페이스가 되면 결코 말을 빨리, 많이 하지 않는다. 흥분하지도 않는다.

표정도 대답이다. 상대의 궁금증을 풀어주는 열쇠가 될 수도 있다. 표정에 당신의 의중이 보이지 않도록 조심해야 한다.

(5) 질문으로 대답할 것.

협상에서 승리하려면(사실 협상은 승패를 가리는 것이 아니다. 말 그대로 '윈-윈'해야 한다. 여기서 '승리'라 함은 '최대의 성과'와 동의어로 받아들이면 된다) 상대의 정보는 얻고 나의 정보는 지켜야 한다. 이때 상대의 정보를 얻을 수 있는 좋은 방법이 질문이다. 어떤 협상이든 정보는 상대의 말 속에 있으므로 상대가 말을 하게 해야 하는데 그러려면 질문이 상대의 입을 열게 하는 가장 유용한 수단임은 두말할 것도 없다.

따라서 협상 대답 요령의 다섯째는 질문의 형태로 대답하라는 것이다. 상대의 질문에 대답하는 동시에 역질문을 하면 된다. 그리하여 상대가 많은 말을 하도록 유도하는 것이 고수의 대답법이다.

(6) 상대를 지나치게 코너로 몰지 말 것.

협상에서 상대가 수세에 몰린다고 해서 내심 쾌재를 부르며 상대를 완전히 제압하려고 코너로 몰아서는 안 된다. 상대의 질문에 허점이 있거나 상대가 잘못짚었다고 해서 대답이나 질문으로 너무 예리하게 찌르지 마라. 상대의 입장을 살려주면서 협상의 이익을 취하는 게 상수다운 자세다. 코너에 몰리면 쥐도 고양이를 문다고 하지 않던가. 협상은 관계다. 협상에서 이기고 관계를 망치면 그 이후의 거래는 원활하지 못할 것이다. 상호 만족을 취하는 게 바른 협상 태도다. 대충 이기는 게 좋다.

(7) 마지막 카드는 마지막까지 보이지 말 것.

협상의 마지막 카드는 말 그대로 마지막에 보여야 한다. 자신의 카드를 내보일 수 있는 타이밍은 상대가 할 말을 모두 소진한 다음이다. 상대가 흥분하여 속사포처럼 말을 쏟아낸다면 대답하지 말고 마음껏 말하게 내버려두어라. 중간에 끼어드는 것은 하수의 행태다. 설령 어처구니없는 말을 하더라도 중간에 자르거나 비판하지 말고 열심히 들어주고 난 후에 말하는 것이 협상의 대답법이자 기술이다.(박명래·김국진,《협상 시크릿》, 다차원북스, 2013)

*

"상대에게 자신의 절박한 상황을 경솔하게 알리지 마라. 그것은 상대에게 무능한 사람이라는 선입견을 갖게 만든다. 제아무리 절박한 상황에 놓이더라도, 천천히 서둘러야 한다."

—레일 라운즈

대답도 제대로 못 하면서

"Yes, but"과 "Yes, and"

협상 스킬에서 자주 등장하는 화법이 "Yes, but…"과 "Yes, and…"다. 전자는 상대방이 무리한 요구를 하여 그것을 들어주기 어려울 때 가능한 다른 조건을 제시함으로써 거래가 성사되도록 유도하는 '반긍정 화법'이다.

예컨대, "그런 조건은 수용할 수 없습니다"는 완전히 "No"의 대답인 반면에 "Yes, but"은 "수용할 수 있지만, 그런데…"가 되므로 "~~한 조건만 합의되면 수용할 수 있다"는 의미가 된다. 이런 식의 대답법은 "No" 또는 "No, because"보다는 훨씬 나은 화법임에 틀림없지만 그럼에도 2퍼센트 부족하다. 그래서 "Yes, but"을 업그레이드한 것이 "Yes, and" 대답법이다. "Yes, but"보다 긍정성을 좀 더 강화한 대답이 된다.

"Yes, but"으로 대답하면 상대는 심리적으로 'Yes'보다는 'but' 이후의 이야기에 귀를 기울이게 된다. 그러나 "Yes, and"는 일단 "좋아요" "맞아요"라고 긍정하고 이어서 "그리고"가 되므로 이중 공감, 이중 동의의 대답이 된다. 당연히 후자의 방식이 상대를 설득하기 좋은 대답이 될 것이다.

I-Message
대답법

협상을 할 때는 상호 간에 팽팽한 긴장이 흐를 수밖에 없다. 누가 이기느냐의 게임에 임하는 비장한 표정이 보일 것이다. 때로는 단 한마디의 촌철살인으로 상대를 압도하고 싶은 심리가 작용할 수 있다. 어떻게든 상대를 이겨야 한다는 의식이 지배한다. 그러다 보면 자연히 말에 그런 심리가 묻어나게 된다. 그러나 프로 협상자라면 그런 심리를 드러내지 않고 유연하고 유유하게 질문하고 대답한다. 어떻게든 상대의 감정을 상하게 하지 않으려고 한다. 이때 협상 전문가들이 권하는 화법이 그 유명한 '나 전달법(I-Message)'이다.

원래 이 방식은 협상을 위해서 개발된 소통 방식이 아니다. 미

대답도 제대로 못 하면서

국의 임상심리학자로서 부모 역할 훈련법(PET: Parents Effective Training)을 창시한 토마스 고든(Thomas Gordon)이 부모와 자식 간의 효과적인 의사소통의 방식으로 개발하였다. 그러나 이는 비단 부모와 자식뿐만 아니라 상사와 부하 간에, 그리고 협상에 있어서도 널리 적용되는 매우 효과적인 설득 요령이요, 화법이다. 당연히 질문과 대답도 이 방법이 유용하다.

간단히 말해서 자신의 감정을 중심으로 말하는 것이 '나 전달법(I-Message)'이요, 상대의 잘못이나 불합리함을 지적하여 말하는 것이 '너 전달법(You-Message)'이다. 그런데 만약 You-Message법으로 말한다면 자연히 상대의 질문이나 답변을 듣고 그것에 대한 잘못이나 불합리함을 지적하게 되니까 상대는 자신의 입장이나 말이 왜 합리적인지를 옹호하게 될 것이다. 이렇게 되면 서로의 입장만 강하게 주장할 뿐 협상은 성사되기 어렵다. 그래서 상대의 감정을 상하지 않게 하면서도 협상을 성사시키는 화법으로 I-Message를 권하는 것이다.

● **I-Message로 말하는 5단계**

HSG휴먼솔루션그룹의 최철규 대표와 김한솔 수석연구원에 의하면(〈동아 비즈니스 리뷰: DBR〉, 104, 2012년 5월호) I-Message법은 5단계를 거친다고 한다.

첫 번째는 레이블링(Labeling).

상대방으로 하여금 나의 말을 들을 마음의 준비를 하게 하는 단계다. 예를 들면,

"말씀 잘 들었습니다. 의견이 다를 수도 있는데 솔직한 제 입장을 말씀드리면…."

"좀 껄끄러운 이야기가 되겠습니다마는 제 입장을 말씀드려도 되겠습니까?"

식으로 말함으로써 뭔가 다른 의견이 나올 것에 대비하게 하는 것이다.

두 번째는 팩트(Fact) 말하기.

즉, 사실을 말하는 것이다. 협상의 쟁점이나 서로의 의견 중에 잘못된 부분을 정확한 통계나 자료를 통해 말한다. "정부가 발표한 바에 따르면…." 이런 식이다.

세 번째는 감정(Feeling) 말하기.

상대의 질문이나 답변 또는 제안에 대한 솔직한 자신의 느낌을 말하면 된다. 말 그대로 I-Message이므로 나 혹은 회사 차원에서 받게 될 느낌을 전달하면 된다. 절대로 상대의 제안을 평가하거나 비난해서는 안 된다.

대답도 제대로 못 하면서

네 번째는 인텐션(Intention).

내가 질문했거나 대답 또는 제안한 것에 대한 의도를 밝히는 단계다. 역시 상대의 의견을 반박하는 게 아니라 내가 왜 그런 제안을 하게 되었는지를 밝히면 된다. 이때도 역시 결코 상대의 제안이 나쁜 것이라는 평가를 해서는 안 된다.

다섯 번째는 피드백(Feedback) **받기.**

즉, 상대방의 답변을 유도하는 단계다.

"저의 제안에 대하여 어떻게 생각하시는지 궁금합니다."

"이건 어디까지나 저의 의견입니다. 어떻게 생각하시는지요?"

이렇게 말함으로써 상대의 피드백을 유도할 수 있을 것이다.

어떤가? I-Message의 단계별 흐름과 분위기를 보면 상대를 비판하거나 평가하지 않고 내 의견을 말하는 매우 호의적이면서도 품격 있는 대화의 상황이 상상될 것이다. 이런 I-Message의 강점을 이해하고 협상뿐만 아니라 상사와 부하 그리고 고객과의 질문과 대답에서도 충분히 적용하고 활용하기를 권한다.

대답과 유머-
유머 대답법을 익히자

스물다섯 살의 청년 시절, 나는 짧은 기간 중학교에서 교편을 잡은 적이 있다. 세월이 많이 흘렀지만 그 당시를 떠올리면 언제나 기억을 헤집고 나타나는 녀석이 있다. 내가 가르치던 반에 있던 중학교 2학년의 아이다. 그는 또래에 비하여 덩치가 매우 작아서 맨 앞줄에 앉았다. 얼굴이 해맑고(지금도 눈에 선하다) 언행이 싹싹하고 재치가 있어 친구들에게는 인기가 있었고 선생님들로부터는 귀여움을 받았다. 그런데 이상하게도 시험만 보면 점수가 형편없었다. 분명 똑똑한 것 같은데 성적은 딴판이었다. 어느 날인가, 자습 시간에 나는 녀석에게 다가가 빙긋이 웃으며 말을 건넸다.

"넌 참 이상하다. 똑똑하고 재주가 비상한 것 같은데 왜 공부를

대답도 제대로 못 하면서

못 하냐?"

주위에 있던 학생들의 시선이 그에게 모아졌다. 나의 질문에 어떻게 응수할지 궁금했을 것이다. 이 상황에서 과연 어떻게 반응할까? 보통의 경우, 쑥스럽거나 낭패한 표정을 지으며 뒤통수를 긁을지도 모른다. 그러나 녀석은 달랐다. 나를 올려다보며 기다렸다는 듯이 대답했다.

"빛 좋은 개살구죠."

학생들도 나도 폭소를 하며 뒤집어졌음은 말할 것도 없다. 상황을 역전시킨 기막힌 유머 대답이다. 역시 그 녀석다웠다.

● 질문과 대답에 유머를

아마도 대답의 최고봉은 유머 대답일 것이다. 상대의 질문에 응수하는 것을 넘어 웃음 짓게 하기 때문이다. 때로는 그럼으로써 팽팽한 긴장의 상황을 뒤집을 수도 있고, 때로는 유머 대답을 통해 상대와의 관계가 인간적으로 가까워질 수도 있다.

서양인들의 유머 감각은 정평이 있다. 유머의 나라 영국이 그렇고 그 피를 이어받은 미국 또한 마찬가지다. 그것을 극명하게 보여준 최근의 상황이 있다. 바로 2018년 12월 5일(현지 시간) 워싱턴DC 국립 성당에서 치러진 조지 H. W. 부시 전 미국 대통령의 장례식이 그랬다. 도널드 트럼프 미국 대통령 내외를 비롯하여 생존하고 있는 전직 대통령 모두, 그리고 영국의 찰스 왕세자를 비롯하여 내외국의 내로라하는 명사들이 참석한 웅장하고도 경건한 장례식이었다. 그런 가운데 유머로 고인을 추모하는 멋진 장면을 보여준 것이다.

먼저, 상주인 아들 부시 전 대통령이 "아버지는 성실하게 봉사하고, 용기로 이끌며 조국과 국민에 대한 가슴속 사랑으로, 행동하는 대통령이 어떤 것인지 직접 보여주었다. 당신의 품격과 진실함, 따뜻한 영혼은 우리 곁에 영원히 머물 것"이라며 눈물로 애도하면서도, "아버지는 우리에게 거의 완벽에 가까웠다. 그러나 완전히 완벽하진 않으셨다. 당신의 (골프) 쇼트 게임과 춤 실력은 형편없었다. 특히 브로콜리를 잡숫지 못했는데, 이 유전적인 결함은 우리에게 그대로 이어졌다"고 말해 추모객들의 웃음을 이끌어냈다.

상주가 이러니 나머지 사람들은 말할 것도 없다. 압권은 평생의 정치적 친구였던 앨런 심슨 전 상원의원이다. 세 번째 추모사를 하기 위해 마이크를 잡은 그는 추모식이 길어질 것을 염려하는 참석자들의 심리를 꿰뚫고 있었다. 이렇게 입을 열었다.

"걱정들 마세요. 조지가 10분 안에 끝내라고 했으니까요."

조문객들의 웃음이 터진 것은 안 봐도 비디오다. 죽은 사람(조지)까지 끄집어내 웃긴 것이다. 이어서 "그의 묘비명은 충성심 (loyalty)의 'L' 한 글자면 된다. 그의 핏속에 나라와 가족, 친구, 정부에 대한 충성심이 항상 흘렀다"고 추모한 후, "그는 농담하기를 즐겼는데 치명적 결함은 실컷 웃고는 자신을 웃게 했던 핵심 구절을 항상 까먹는다는 거였다"고 말해 성당을 웃음으로 가득하게 했다.

더 길게 말할 것 없다. 장례식에서도 유머가 통하는데 함께 일하는 상사와 부하 사이의 대화에서 유머가 없다면 참 민망하다. 질문과 대답이 공격과 방어의 전쟁은 아니지 않은가? 제발 죽기 살기로 질문하고 되받아치는 우리네 정치판을 닮지 말고, 서로를 존중하며 미소 짓게 하는 언사로 질문하고 대답 좀 했으면 좋겠다. 그래야 질문과 대답의 차원을 넘어 소통이 훨씬 잘되고 관계 또한 좋아질 테니까.

*

"사람들을 웃겨주면 그들의 마음을 얻게 된다."

—존 F. 케네디

유머 대답으로
위기 넘기

유머가 좋다는 건 다 알지만 그게 마음대로 되는 것은 아니다. 특히 상사와의 대화에서 질문에 유머로 답한다? 이건 상사와의 사이가 매우 친밀하거나 큰 격차가 없을 때, 또는 상사 역시 유머적 분위기로 질문을 했을 때에 가능하다. 그런 상황이 아니고 엄중하거나 심각한 상황의 질문에 유머로 답하는 것은 불경한 것으로 받아들여질 것이다. 망하는 지름길이다. 한마디로 TPO를 고려해야 한다는 말이다.

만약, 사장의 질문에 사원이 대답할 때라면 한국적 풍토에서 유머 대답은 거의 불가능하다. 자칫하면 싱거운 사람, 버르장머리 없는 사원, 성실하지 않은 태도 불량자로 낙인찍힐지 모른다. 그러나 팀장과 팀원 사이요, 생사고락을 함께하는 친밀한 관계라면

대답도 제대로 못 하면서

유머 대답을 통해 훨씬 분위기를 좋게 할 수도 있다.

팀장: "어제 A회사와의 거래는 잘 성사됐나?"
팀원: "용장 밑에 약졸 없습니다. 끝내췄습니다."

이쯤 되면 팀장을 치켜세우면서도 덩달아 자기 홍보도 하는 유머 있는 대답이 될 것이다. 아 참, 우리가 유머에 대하여 잘못 알고 있는 것이 있다. '유머'라면 으레 상대가 박장대소, 포복절도해야 하는 것으로 생각하거나 음담패설 정도는 되어야 하는 것으로 착각한다. 유머는 그런 게 아니다. 유연한 표현, 흥미를 자극하는 표현, 은근히 미소 짓게 하는 표현이면 유머로서 충분하다.

● 다양한 형태의 대답 유머
비즈니스 대답은 꼭 상사와의 관계에서만 벌어지는 것은 아니다. 직장 생활을 하다 보면 별의별 상황이 다 일어난다.
내가 강원도의 정무부지사로 일하던 때다. 도지사와 시장 등, 지방자치단체장을 뽑는 선거철이 다가오자 지역신문에서 연일 선거에 대한 예측 기사가 쏟아져 나왔다. 지방에서 일해본 사람은 동의하겠지만 정무부지사 정도의 위치에 이르면('정무'라는 이름 자체가 정치적 뉘앙스를 풍긴다) 선거 때마다 출마 예상자의 하마평에 오르내리는 수가 많다.

강원도청이 소재하고 있는 춘천에서도 드디어 나의 이름이 거명되기 시작했다. 지역 언론에 보도되기 시작하더니 선거관리위원회에서 아예 "춘천시장 출마 예상자로 분류가 됐으니 선거법에 걸리지 않도록 유의하라"는 통보까지 왔다.

이쯤 되면 주위에서 출마 권유가 이어지고 당사자인 나 역시 마음이 흔들리게 된다. 이럴 때 흔히 동원되는 것이 알쏭달쏭한 정치적 화법이다. 우리나라의 많은 정치인들이 기자회견에서 출마 여부를 묻는 질문을 받으면 어떻게 대답하던가? '하겠다는 건지 안 하겠다는 건지' 애매모호하게 답변하는 경우가 많다. 물론 적절한 시기가 되면 화끈하게 출마 선언을 하지만.

그 당시 정무부지사로서 내가 맡은 주된 업무는 경제 활성화였고 그중에는 '재래시장(요즘은 전통 시장이라 한다) 살리기'도 중점 추진 업무에 포함되어 있었다. 어느 날, '재래시장 살리기 종합 대책'을 만들어서 기자회견을 통해 발표하게 되었다. 그런데 종합대책 발표를 끝내고 그 대책에 대하여 기자들의 질문이 이어졌는데, 한 기자가 엉뚱한(?) 질문을 던졌다.

"요즘 춘천시장 출마 예상자로 거명되고 있는데 출마할 의향이 있습니까?"

대답도 제대로 못 하면서

예상치 못했던 기습 질문에 약간 당황했지만 나는 이렇게 대답했다.

"지금 이 순간, 저의 최대 관심사는 '춘천시장'이 아니라 '재래시장'입니다."

기자들의 웃음소리가 들렸음은 물론이다(그때, 머리가 잘 돌아갔다고 스스로 대견해했다).

어떤가? 이처럼 유머의 용도는 다양하다. 대화의 분위기를 좋게 하는 것은 당연할뿐더러 까다로운 질문, 황당한 질문을 받아 입장이 곤란하게 되는 등 위기 상황을 극복하는 데 제격이다. 당신이 질문과 대답의 상황에 처했을 때 문득 유머를 구사할 수는 없는 지도 검토해볼 필요가 있을 것이다.

까칠한 질문에
유머로 답하기

정치인으로서 유머의 최고수를 꼽으라면 두말할 것 없이 윈스턴 처칠 수상이다. 나의 책 《이기는 유머, 끝내는 유머》에도 등장하지만, 누구든 유머에 관한 언급을 본격적으로 한다면 어김없이 등장시킬 수밖에 없는 인물이 처칠이다. 우리 주위에 입담을 과시하는 유머리스트 또는 개그맨들이 많지만 역사적으로 빛나는 유머리스트의 최고봉은 역시 처칠이다.

170cm에 못 미치는 서양인으로서는 작은 키에 뚱뚱한 체구, 고집스러운 얼굴. 명연설가로 유명하지만 그는 원래 말더듬이였다. 그런 그가 '가장 위대한 영국인은 누구인가?'라는 설문 조사에서 셰익스피어, 뉴턴, 엘리자베스 1세 등과 함께 뽑혔는데 위대한 요

대답도 제대로 못 하면서

소 중의 하나로 꼽히는 이유가 바로 유머 감각이라 하니 어느 수
준인지 알 만할 것이다. 처칠의 유머에 대하여는 수많은 사례가
있지만 '대답'과 관련된 한 가지만 소개한다. 이를 통해 유머 대답
이 얼마나 위력이 센가를 깨닫게 되기를 빌면서….

● '까문유답' 하라

노동당 당수이며 사회주의자였던 클레멘트 애틀리(Clement
Attlee)는 처칠과 같은 시대에 살았던 사람으로 여러 면에서 비교
되는 인물이다. 그는 사회주의자답게 전쟁으로 파괴된 영국의 경
제를 복구하기 위해서는 중요한 산업들을 국유화해야 한다고 주
장했다. 어느 날, 의회에서 대기업의 국유화를 놓고 치열한 설전
을 벌이던 중 잠시 정회된 사이 처칠과 애틀리는 하원의원용 화장
실에서 만나게 되었다. 볼일을 보기 위해 소변기 앞에 나란히 서
게 되자 처칠은 애틀리에게서 가장 멀리 떨어진 소변기로 옮겨 갔
다. 그것을 보고 애틀리가 물었다.

"내게 무슨 불쾌한 일이라도 있소?"

이 질문에 어떻게 답하겠는가? 정적이면서 서로 반대 입장이라
감정이 좋을 리 없고 우리 식으로 표현하면 '꼴도 보기 싫으니' 좋

은 대답이 나오기 힘들다. 그렇다고 "남이야 어디서 오줌을 싸든 말든 뭔 상관이오?"라고 대답한다면 그건 대답도 아니다. 감정의 골만 더 깊어지니까. 처칠이 느긋하게 대답했다.

"아니요, 겁이 나서 그럽니다. 당신은 무엇이든 큰 것을 보면 국유화하려고 하니까요."

놀라운 임기응변이요, 유머다. 자신의 남성 심벌이 크다는 것을 은근히 과시하면서 동시에 상대방의 국유화 정책을 비꼬았으니 기막힌 대답 유머임에 틀림없다. 이쯤 되면 아무리 정적이라도 웃음을 터뜨릴 수밖에 없을 것이다.

'까문유답'하라. 이건 내가 만든 말이다. '까칠한 질문, 까다로운 물음에 유머로 답하라'는 말이다. 그러면 상대가 허접해진다. 유머 대답을 한 당신이 돋보일뿐더러 인간적 여유와 품격이 드러남은 물론이다. 애틀리와 처칠의 차이만큼.

● 협상에서 빛을 발휘한 유머 대답

정치만이 아니다. 비즈니스 협상에서도 유머로 위기를 넘기는 경우가 많다. 대표적인 사례가 너무나 잘 알려진 현대그룹의 창업자 고 정주영 회장.

1960년대 후반, 제3차 경제개발계획의 일환으로 조선소 건설을 시도하던 정주영 회장은 차관을 빌려 조선소를 세우기로 결심하고 1971년 영국으로 떠난다. 최대 난제인 차관 확보를 해결하기 위해서였다. 여기서 역사적인 담판과 그 유명한 유머가 동원된다.

버클레이 은행의 지원을 받기 위해 은행의 부총재와 면담을 하게 되었을 때였다. 내로라하는 전문가들이 배석한 가운데 소학교(초등학교) 출신의 정 회장에게 날카로운 질문이 쏟아졌다.

부총재: "당신의 전공은 무엇입니까?"

정 회장: (속으로 '이 사람아, 소학교에 전공이 어디 있어?') "내 사업계획서는 읽어보셨습니까?"

부총재: "물론이오. 아주 훌륭했소."

정 회장: "내 전공은 바로 그 현대조선소 사업계획서요."

그러자 모두들 한바탕 웃음을 터뜨렸고 부총재는 이렇게 말한다. "당신은 전공이 유머로군요. 당신의 유머와 사업계획서를 함께 수출 보험국으로 보내겠소. 행운을 빕니다."

긴박한 순간을 절묘하게 넘긴 한마디의 유머 대답. 아시아의 작은 나라에서 온 정주영 회장은 유머의 힘을 빌려 영국인들을 설득함으로써 사업을 성사시켰다. 한 가지 중요한 사실은 질문한 사람이 유머를 이해하는 사람이었다는 점이다. 유머의 나라 영국인이었던 게 천만다행이다. 아무리 정 회장이 절묘한 유머로 대응했더라도 우리네 같았으면 그것이 통했을까? '이 사람, 장난하고 있나?'라고 생각해서 오히려 낭패를 당하지 않았을까?

만약 정주영 회장이 그 면담에서 "사실 나는 소학교밖에 못 나왔지만…"이라든가, "하여튼 돈만 빌려주면 반드시 성공할 수 있다"는 식으로 '솔직하고 진지한 답변'을 했다면 협상은 매우 실무적인 줄다리기가 되었을지도 모른다(경제적 조력자의 마음을 돌려놓았던 이 유머를 정 회장은 '옥스퍼드 유머'라면서 주위 사람들에게 가끔 당시의 일화로 들려주곤 했다).

원래 배포가 크고 유머 감각이 뛰어난 정 회장의 대답은 협상에서 빛났다. 그분의 유머와 성공담은 현대중공업의 TV 광고에도 등장할 정도다.

어느 어르신의 '까문유답'

사슴 목장을 방문한 사람이 주인 어르신에게 물었다.

"사슴이 몇 마리나 됩니까?"

"289마리요."

"많군요. 어르신께서는 올해 연세가 어떻게 되십니까?"

"80은 넘었는데, 끝자리는 잘 모르고 산다오."

"아니, 사슴 숫자는 정확히 아시면서 어르신 본인의 나이는 왜 모르십니까?"

그 질문에 어르신이 뜨악한 표정으로 답했다.

"그거야, 사슴은 훔쳐가는 놈이 있어서 매일 세어보지만, 내 나이는 훔쳐가는 놈이 없으니 세어보지 않기 때문이지."

대답의 트릭
활용하기

같은 대답을 하더라도 어떤 용어를 동원하느냐에 따라 상대의 마음에 더 어필할 수 있는 것이 있다. '대답의 트릭'이라고 해서 속임수를 말하는 게 아니다. 트릭(trick)은 마술 같은 것에 동원되는 용어로 '술수', '속임수', '사기', '농간'의 의미도 있지만 '비결'이나 '요령'의 의미도 있다. 그러니까 상대의 질문에 어떤 특정한 용어나 표현을 사용하면 상대의 마음을 누그러뜨리고 호감을 살 수 있기에 트릭이라고 표현했을 뿐이다. 다음의 몇 가지는 대답의 효과를 높여주는 것들이다. 상황에 맞추어 잘 활용해보자.

● 대답의 트릭 5가지
첫째, 전문용어 쓰기.

대답도 제대로 못 하면서

앞에서 다룬 '좋은 대답을 하는 7가지 요령'에서 최근에 유행하는 신세대 용어, 또는 IT 관련 전문용어를 함부로 사용하는 것은 피해야 한다고 했다. 그럴 때는 쉽게 풀어서 대답하기를 권했다. 그러나 모든 게 상황에 따라 다르다. 때로는 일부러 전문용어를 구사함으로써 대답의 권위를 높일 수도 있다. 그러기에 트릭이다.

나이토 요시히토는 그의 책 《만만하게 보이지 않는 대화법》(이정은 옮김, 홍익출판사, 2018)에서 일부러 어려운 단어를 곁들이거나 외국어를 살짝 섞어서 말하는 등 전문가처럼 말하면 사람이 달라 보이며 설득력이 높아진다고 했다.

펜실베이니아 대학의 심리학과 교수 아치 우드사이드(Arch Woodside) 박사에 의하면 전문용어를 자주 사용하는 영업사원은 일상적인 용어만 사용하는 사람에 비하여 소비자의 믿음을 사고 상품을 더 쉽게 판매한다고 한다. 그만큼 설득력이 높아진다는 이야기다.

우리는 흔히, 말이란 알기 쉽게 이해하기 쉬운 단어를 써야 한다고 하면서도 실제에 있어선 상대가 전문용어를 자연스럽게 사용하면 권위 있게 보는 게 사실이다. 예컨대 '머릿속에서 생각한 것'이라는 표현보다는 '내면적 표현'이, 그리고 '세상의 룰'이라는 말보다는 '사회적 규범'이라는 말이 보다 품격 있는 것처럼 느껴지는 것이 바로 그래서다. 이건 분명히 하나의 트릭이라 할 수 있다.

둘째, "왜냐하면…."

상대를 설득하려고 할 때 "왜냐하면…"을 붙이면 효과가 높다는 연구 결과가 있다. 행동과학자 엘렌 랭거(Ellen Langer)의 연구팀은 이 단어의 설득력을 실험해보기 위해 남에게 무엇인가를 부탁할 때 "왜냐하면…"이라는 말을 붙여 설득하게 했는데 효과가 있다는 결론을 내렸다. '왜냐하면'이 독특한 동기부여의 효과가 있다는 것이다. 이 말이 설득력을 얻는 이유는 '왜냐하면'과 그다음에 따라오는 합당한 이유 사이에 우리가 살아오면서 지속적으로 강화된 연상 관계가 존재하기 때문이라고 한다.(https://infuture.kr/1238)

이 논리의 연장선 상에서 상대의 질문이나 지시에 대해 대답할 경우에도 결론을 말한 이후에 그 이유를 '왜냐하면'을 덧붙여 설명하면 결론을 보다 선명히 각인시키는 효과가 있다는 것이다. 물론 그 이유가 합당한 것일 때 효과가 있는 것이지, '왜냐하면'이 핑계가 된다면 그 효과를 기대할 수 없게 된다.

셋째, "제 책임입니다."

누군가로부터 질문을 받을 때, 특히 질책에 관계된 것일 때 우리는 본능적으로 변명을 하려는 심리가 작동한다. 물론 그만한 이유가 있어서 변명을 하는 경우도 있지만 대부분의 경우 변명이란 별로 공감을 얻을 수 있는 이유가 없을 때 사용된다. 입장을 바꿔서 당신이 누군가를 질책한다고 하자.

"이게 왜 이렇게 됐소?"
"누가 이렇게 한 거요?"
이럴 때
"제 책임입니다."
"제가 잘못한 것입니다."
라는 말은 상대의 마음을 한껏 누그러뜨리는 작용을 함에 틀림없다. 책임이란 빠져나가려 한다고 해서 빠져나갈 수 있는 게 아니며 "제 책임입니다"라고 말했다 해서 몽땅 뒤집어쓰는 것도 아니다. 상대는 다 알고 있다. 그것이 어떤 이유로, 누구의 잘못으로 그렇게 된 것이라는 것을. 진실과 진심은 감추려고 해도 언젠가는 드러나기 마련이다. 따라서 대답하기 어렵거나 곤혹스럽더라도 오히려 감추지 않고 드러내는 것이 어설픈 변명을 하는 것보다 훨씬 낫다. 설령 책임을 묻게 되더라도 인간적인 호감은 남게 될 것이다.

넷째, "결론적으로…." "요컨대…."
이 말을 사용하면 왠지 매우 논리적인 것 같은 느낌을 주며 질문에 대한 대답의 핵심이 잘 정리된 것처럼 느껴진다. 즉, 간단명료하게 잘 설명하는 것 같은 인상을 준다. 따라서 대답할 때 마지막 부분에 "결론적으로" "요컨대"라는 말을 사용한다면 분명히 훌륭한 트릭이 될 것이다.

다섯째, 숫자로 말하기.

"오늘 저는 제 인생에 있었던 세 가지 이야기를 들려드리려고 합니다. 대단한 건 아니고, 딱 세 가지입니다."

2005년 미국 스탠퍼드 대학의 졸업식에서 스티브 잡스가 그 유명한 연설을 할 때 이렇게 시작했었다. 그리고 2008년, 역시 스탠퍼드 대학의 졸업식에서 오프라 윈프리는 스티브 잡스와 약속이라도 한 듯 이렇게 말한다.

"자, 오늘 저는 여러분과 몇 가지 교훈을 나누고자 합니다. 제가 인생의 여정에서 배웠던 세 가지 교훈입니다."

연설뿐만이 아니다. 면접관의 질문에 대답할 때도 그렇고, 상사의 질문에 대한 대답에서부터 프레젠테이션을 할 때조차 숫자를 활용하면 뭔가 '있어 보이고' 상황을 확실히 꿰뚫고 있는 전문가 같은 느낌을 주게 된다. 숫자의 마술이요, 트릭이라 할 만하다.

당신도 대답을 할 때 이렇게 숫자를 활용해보라. 매우 논리적이고 현안에 대하여 잘 알고 있는 것 같은 느낌을 줄 테니까.

보고
대답법

비즈니스 대답은 꼭 질문에 대해서만은 아니다. 질문은 몇 가지 형태가 있는데 직접적인 질문, 즉 "~했소?" "~했나요?" "~입니까?" 또는 "~습니까?"의 유형이 있는 반면에 지시나 제의의 형태를 띨 수도 있다. 예컨대 "이것에 대한 의견을 말해주시오"라든가 "총무부서로 옮기도록 하지"라고 말한다면 지시, 명령 또는 제의에 속하지만 그 역시 일종의 질문으로 보아 대답해야 하는 것이다. 특히 상사와의 관계에서 상사의 지시나 명령에 따라 일을 처리하고 그에 대한 답변이나 보고를 해야 하는 경우도 많다. 이때 보고는 일종의 대답으로 봐야 하는데 그것에도 당연히 요령은 있다.

보고를 하기 전에 먼저 생각해볼 것은 지시를 내린, 즉 보고를 기다리는 사람인 상사의 심리에 관한 것이다. 지시를 내린 상사의 가장 큰 심리적 특성은 조급함이라고 여러 번 언급했다. 상사는 대개 성질이 급하다. 그것은 그렇게 태어났기 때문이 아니라 상사 역시 그 위에 상사가 있기 때문이다. 서열의 피라미드 상층부로 갈수록 상황은 시시각각 변하고 격무에 시달린다. 부하들 생각에는 상층부의 간부는 자기가 하고 싶은 대로 다 할 것 같지만 그렇지 않다.

CEO가 되면 모든 정보가 집중됨과 동시에 모든 책임 역시 집중된다. 그러니 마음 편한 느긋함이 없어지게 되고 언제나 조급해진다. 조급증은 일종의 '간부병'이라 해도 무방할 정도다.

상사의 심리적 특성의 또 하나는 완벽주의자라는 것이다. 한 조직에서 상층부로 올라간 사람은 경험에 의하여 일 처리를 한순간 삐끗함으로써 공들여 쌓아 올린 '성공의 탑'이 한꺼번에 무너져 내린다는 사실을 잘 알고 있다. 그래서 상사는 통 큰 어른 같지만 의외로 꼼꼼하고 세밀하다. 그래서 부하의 입장에서 보면 쓸데없는 걱정을 사서 하며 그렇기에 잔소리가 심하다. 그들은 그렇게 해서 상사의 지위에 올라간 사람들이다. 높이 올라간 후에 통 큰 척하지만 내심 그게 아니다. 조급증과 꼼꼼함은 상사의 직업병이라 할 수 있다.

또한, 상사도 그 위에 또 상사가 있음을 이해해야 한다. 회사의 톱 CEO가 아닌 한 상사는 상사의 사다리 중 한 단계일 것이다. 그렇기에 당신의 보고를 받은 상사는 그것을 바탕으로 그 위의 상사에게 보고하는 형식의 대답을 하게 된다.

상사에게는 조급증이 있다.
상사는 꼼꼼하고 세밀하다.
상사 역시 그 위에 상사가 있다.

이런 점을 이해한다면 상사의 지시나 명령, 제안 등에 어떻게 대답해야 할지 답이 나온다.

● 보고형 대답의 요령
첫째, 빨리 보고할 것.
보고는 타이밍이 중요하다. 부하들 중에는 상사의 지시 사항이 해결하기 까다롭거나 상사의 의사가 불분명할 것 같으면 차일피일 보고를 늦추는 경향이 있다. 심지어 상사가 재촉하지 않으면 잊어버린 것으로 생각하고 아예 뭉쳐버리는 경우까지 있다. 한마디로 큰일 날 짓이다. 상사의 직업병이자 조급증을 이해하고 가능한 한 빨리 보고하는 게 정답이다.

둘째, 결론부터 말할 것.

이 역시 상사의 조급한 심리와 관계가 있다. 말로 하는 보고든 문서로 하는 보고든 상사에 대한 보고는 결론부터 다루어야 한다. 이유나 과정을 설명하는 것은 나중의 문제다. 결론부터 두괄식으로 보고해야 하는 것은 이미 앞에서 다루었으므로 생략한다.

셋째, 분명하고 확실히 할 것.

상사는 매우 꼼꼼하고 세밀하다고 했다. 그리고 당신의 보고를 받아 그 위의 상사에게 무엇인가 보고를 하거나 대답할 것이다. 그런데 만약 당신이 틀린 대답을 한다면 어떻게 될까? 그것을 믿고 상사가 그 위의 상사에게 보고를 했는데 그게 잘못된 대답으로 판가름 난다면? 생각만 해도 끔찍하다.

넷째, 냉정할 것.

상사의 기분을 맞추기 위하여 불필요한 형용사나 부사를 활용해 기분을 붕 뜨게 하거나, 또는 당신의 선입견이 가미된 보고를 통하여 상사의 기분을 다운시켜서도 안 된다. 좋은 보고든 나쁜 보고든 진솔하고 냉정하게 대답하는 게 맞다.

다섯째, 상사도 인간임을 고려할 것.

상사도 평범한 인간일 뿐이다. 상사가 되었다고 인품이 더 고매하리라는 보장은 전혀 없다. 경우에 따라서는 운 좋게 상사가 된 사람도 있고, 세월이 흐르다 보니 승진한 사람도 있다. 더구나 상사의 스트레스는 부하의 그것과 달리 매우 심할 확률이 높다. 그렇기에 상사의 기분을 상하게 할 보고는 시기 선택과 용어 사용에 유의해야 한다. 보고하면서 상사의 심기까지 살펴야 하냐고 볼멘소리를 하지 마라. 그것이 직장이요, 현실이다.

고객에 대한
대답법

비즈니스 대답에서 중요한 부분의 하나가 고객과의 관계에서 일어나는 질문(또는 요구)과 대답이다. 고객의 요구는 그것이 질문의 형태이든 아니든 대답을 필요로 한다. 그런데 고객에 대한 대답은 상사에 대한 그것과 여러 면에서 차이가 난다.

상사의 질문에 대하여 대답할 때는 아마도 성의를 다해서 답할 것이다. 설문 조사에서는 '대충 한다'고 답했지만(앞에서 다뤘다) 결코 그렇지 않다고 믿는다. 자칫하면 인사상의 불이익까지 초래할 수 있는데 어찌 대충 하겠는가?

반면에 고객으로부터 질문이나 요구를 받는다면 어떤가? 귀찮을 것이다. 인간은 합리적이지 않다. 이론상으로는 고객을 만나는 것이 분명 좋은 일임에도 심리적으로는 조심스럽고 귀찮기 마

대답도 제대로 못 하면서

런이다. 때로는 짜증이 날 수도 있다. 거래를 하고 물건을 사 주는 것은 고마운 일이지만.

또한 고객에 대한 답변은 그것이 충분하지 못할 경우 자칫 분쟁으로 변할 수 있는 위험성이 있다. 더구나 우리네 고객들은 대단히 다혈질이라서 조금만 성에 차지 않으면 버럭 화를 내거나 시비를 걸게 된다. 뿐만 아니라 대답은 곧 약속이 되므로 나중에 책임 추궁의 빌미가 될 수도 있다. 그렇기에 답변이 살얼음 디디듯 조심스럽다.

그러나 그렇게 부정적인 측면만 있는 것은 아니다. 좋은 대답, 잘한 대답은 고객에게 호감과 좋은 인상을 주게 되고 만족감을 줌으로써 실적 향상과 직결될 수 있는 것이다. 이런 양면성을 잘 인식하면서 고객의 요구와 질문에 대응해야 한다.

● 고객에 대한 대답 5
첫째, 긍정의 대답이어야 한다.
"0000를 해주시겠습니까?"

고객이 요구 사항을 질문의 형태로 제시했다면 그가 만족할 대답은 "Yes"이지 "No"는 아니다. 설령 문제 해결에 여러 걸림돌이 있고 심지어 불가능하더라도 고객은 긍정형 대답을 원한다. 불가능한데 긍정하라고? 불가능함에도 불구하고 "Yes"로 대답하라는 의미는 당연히 아니다.

그럴 때 동원되는 화법이 앞에서 다뤘던 "Yes, but…"이다. 고객의 요구에 응하지 못하지만 일단 긍정형 대답(Yes)으로 고객의 심정과 요구에 공감해주자는 의미다.

"아, 그러시겠네요."

"예, 충분히 이해합니다."

"정말 급하시겠군요."

그러고 난 후 그것이 불가능한 이유(but)를 설명해야 한다.

둘째, 문제 해결의 대답이어야 한다.

"Yes, but…"에서 한 걸음 더 나아간 대답이 "Yes, and…"다. "Yes, and…"가 "Yes, but…"과 다른 것은 후자의 경우 불가능한 이유를 설명하는 것에 그치지만 전자(Yes, and)는 고객의 요구와 질문을 긍정하고서 불가능한 이유를 설명하는 것을 넘어 대안, 즉 문제 해결의 대답이라는 점이다.

고객의 질문은 곧 요구다. 순수한 질문이라 하더라도 질문은 궁금함 내지 풀리지 않은 의문이 있다는 것이다. 따라서 고객의 질문에 대한 답은 문제를 해결해주는 대답이어야 한다. 설령 고객의 요구를 다 들어주지는 못하더라도 끝내는 고객이 그 대답을 수용하고 수긍할 수 있어야 한다. 그것 역시 문제 해결의 하나이다.

셋째, 신속한 대답이어야 한다.

고객 만족과 서비스를 논할 때 가장 많이 등장하는 것이 '신속, 정확, 친절'일 것이다. 이때 가장 중요하게 요구되는 것이 신속이다. 물론 정확하다는 것을 전제로 하는 신속이다.

우리는 성질이 급하다. 빨리빨리 민족이다. 무엇보다도 신속한 문제 해결을 원한다. 빨리 해결해주는 것이 고객에 대한 대답이다.

더구나 지금은 디지털 시대요, 광속(光速)의 시대다. 세상의 흐름이 빠르고 그에 걸맞게 고객들 역시 빠른 문제 해결을 바란다. 예전처럼 '고객은 왕'이라며 친절하게 잘 모시는 것은 이미 뛰어넘었다. 따라서 신속하고 간단하게 문제를 해결하는 데 관심이 집중된다. 그러므로 고객에 대한 대답 역시 그것에 초점이 맞춰져야 한다.

넷째, 충분한 대답이어야 한다.

고객을 대하는 사람은 그 상품과 서비스에 대한 전문가다. 그러나 고객은 그렇지 못하다. 따라서 고객을 대할 때는 자기의 수준, 자기의 눈높이에서 설명하거나 대답해서는 안 된다. 고객은 아무것도 모를 수도 있다는 차원에서 상세하고 충분한 대답을 해야 한다. 모르면 고객이 물어봐야 하지 않냐고? 고객은 업무를 모르기 때문에 무엇을 물어야 할지조차 모른다는 사실을 알아야 한다.

다섯째, 절제된 대답이어야 한다.

앞에서 고객에 대한 대답은 긍정의 대답, 충분한 대답이 되어야 한다고 했다. 그러나 그보다 더 중요한 것은 책임질 수 있는 대답이어야 한다. 고객은 자신에게 유리하게, 듣고 싶은 말만 듣는다. 그렇기에 당신이 말한 것과 고객이 들은 것 사이에 차이가 발생할 수 있다. 따라서 고객을 상대할 때의 대답은 책임질 수 있는 대답, 즉 절제된 대답을 해야 한다.

고객의 질문에 충실히 응하되 절제된 표현과 말로써 품격을 유지함은 물론 추후에 다른 문제를 야기하지 않도록 조심해야 한다.

비대면 대답의
요령

'질문과 대답'을 생각하면 흔히 두 사람이 직접 대면하여 대화하는 걸 상상한다. 그러나 한 번 더 깊이 생각해보라. 의외로 비대면의 질문과 대답이 많다는 것을 알 수 있다. 즉, 전화나 문자(메일 포함)를 통한 질문과 대답이다.

비대면의 대답법 중 전화를 매개로 하는 것은 직접 대면의 경우와 별 차이가 없을 것이다. 요즘은 화상 통화까지 가능하기에 더욱 그렇다. 다만 전화기라는 기계를 통한 소통이므로 소리의 전달이 직접 소통할 때에 비하여 떨어질 수 있고, 만약 화상 통화가 아닌 일반 통화라면 상대의 표정이 보이지 않으므로 아무래도 커뮤니케이션에 장애를 일으키기 쉽다. 따라서 그만큼 더 신경 써서 대답해야 한다. 문제는 문자를 매개로 하는 대답법이다. 이때는 직접 대면이나 전화 대면과는 차원이 다르다.

우연히, TV에 출연한 '아이돌' 연예인들이 대화하는 걸 봤다. 사회자가 아이돌 상호 간에 안부를 어떻게 전하냐고 물으니까 이구동성으로 하는 대답이 '카톡'으로 한단다. 그 이유가 흥미롭다. 전화를 하면 어떻게 말해야 할지 신경 쓰인다는 것이다. 이것이 바로 전화 공포증(콜 포비아: call phobia)이다. 그런데 아이돌을 비롯한 젊은이들만 그런 게 아니다. 요즘은 기성세대조차 간단한 궁금증은 문자를 통해 소통하는 수가 많다.

이는 질문을 할 때도 마찬가지다. 만약 근무시간 이후 상사가 물어볼 것이 있을 경우 직접 전화하는 게 부담이 될 수 있다. '주 52시간 근무' '퇴근 후 카톡 금지법' 운운하는 세상이니 상사도 부하의 눈치를 볼 수밖에 없다. 법을 위반하는 것까지는 아니더라도, 부하의 사생활을 방해할 것 같은 미안함에 문자를 보내게 된다.

이렇게 문자(메일 포함)로 질문 또는 지시를 받았을 때는 문자(메일 포함)를 통해 대답하게 될 텐데 이때는 직접 대면이나 전화 대답보다 더 세밀하게 신경 써야 한다.

● 글을 보면 사람이 보인다
첫째, 글을 보면 사람이 보인다는 점에 유의할 것.

문자(글)란 참 묘하다. 아무것도 아닌 것 같지만 아무것도 아닌 게 아니다. 단어의 선택, 문장의 구성과 흐름, 때로는 토씨 하나에도 감정이 묻어난다. 묘한 심정적 메시지를 분명히 전한다.

혹시 당신이 페이스북을 한다면 그런 걸 실감한 적이 많을 것이다. 페이스북 친구가 댓글을 달았을 때 단어 하나, 토씨 하나 때문에 상대가 비아냥거리는 건지 칭찬하는 건지, 시비를 거는 건지 진정한 조언을 하는 건지 알 수 있었던 경험 말이다.

글은 인격이라는 말이 있다. 그렇다. 글에는 그 사람의 성격, 품격, 성향, 마음가짐, 사고방식이 그대로 드러난다. 심지어 감정까지도 내포된다. 따라서 문자를 보내든 메일을 보내든 글을 보낼 때는 선의를 갖고 성실한 마음으로 답변을 써야 한다.

둘째, 문장 구성에 심혈을 기울일 것.

글을 보면 사람을 알 수 있듯이 문장을 보면 실력이 드러난다. 답변의 내용 못지않게 중요한 것이 문장의 구성이다. 말로 할 때는 구성이 그렇게 중요하지 않을 수 있다. 표정과 말투 등으로 얼마든지 커버되기 때문이다.

그러나 글은 다르다. 문장 구성이나 표현법이 잘못되면 대답의 의미는 충분히 통하더라도 그 이후의 인상이 남게 된다. 즉, 답변 내용만 남는 것이 아니라 문장에 대한 인상이 오랫동안 남는다.

말을 번지르르하게 하면 자칫 말꾼 같은 인상을 주어 오히려 이미지를 흐릴 수 있지만 유려한 문장력을 보여주면 능력을 인정받을 수 있다. 따라서 문장 구성과 표현에 심혈을 기울여야 한다.

셋째, 확실하고 분명하게 답변할 것.

만약 누군가가 당신에게 질문을 하고 당신이 답변을 할 경우, 상대가 그것을 녹음한다면 어떨까? 부담이 될 것이다. 굉장히 조심스러울 것이다. 왜 그런가? 근거가 남기 때문이다. 그 답변에 책임져야 하기 때문이다.

그렇다면 이제 알 것이다. 문자를 통한 답변이 왜 확실하고 분명해야 하는지를. 카톡이든 메일이든 글을 보낸다는 것은 마치 녹음을 해두는 것과 같다. 근거가 남으니까. 따라서 글을 통해 답변할 때는 근거와 책임을 염두에 두고 답해야 한다.

넷째, 맞춤법에 유의해야 한다.

바로 앞에서 이 장을 시작할 때의 글을 다시 보자. "우연히, TV에 출연한 아이돌 연예인들이 대화하는 걸 봤다"라고 했다. 여기서 '우연히' 다음에 쉼표(,)가 없다면 어떻게 될까? 아이돌 연예인들이 우연히 TV에 출연했다는 의미도 될 수 있다. 그러나 쉼표를 넣음으로써 내가 우연히 TV를 봤다는 의미가 된다.

대답도 제대로 못 하면서

이것이 말과 글의 차이다. 문장부호나 띄어쓰기에 따라 의미 전달에 차이가 날 수 있다. 특히 오자와 탈자, 맞춤법에 어긋난 글이 있어서는 안 된다. 그런 글을 보면 어떤 생각이 드는가? 그 자체로 능력 평가가 될뿐더러 성의 없이 글을 썼다는 오해를 받을 수 있다.

다섯째, 한 번 더 읽고 한 번 더 생각할 것.

말은 한번 내뱉으면 끝이다. 그렇기에 언변이 좋은 사람이 아무래도 유리할 수 있다. 그러나 글은 내뱉기(?) 전에 검토할 시간이 있다. 그런 면에서 글을 통한 답변은 장점이 있다. 말이 언변을 보여준다면 글은 성실성을 보여준다. 용의주도함과 꼼꼼함의 정도를 나타낸다. 말을 통한 대답에는 없는 강점이다. 이것은 강점이지만 거꾸로 그것을 실행하지 않으면 결정타가 될 수 있는 양날의 칼이다.

앞의 4가지 특성을 알았다면 답변을 작성한 후 급하게 보낼 필요가 없다. 책임질 내용이 잘 표현되었는지, 문장의 구성과 맞춤법은 제대로 되었는지 꼼꼼히 살펴야 한다. 한 번 더 읽고 한 번 더 생각한 후 보내야 한다.

"~~해요"는 존댓말이 아니다

．．．

카톡 따위의 짧은 메시지이든 긴 문장의 메일이든, 요즘 젊은이들이 흔히 실수하는 것이 존대에 관한 것이다. 그중에서도 "~~해요"에 관한 것. 상대를 높인다는 뜻에서 쓰는 '~요'체를 사용하는데 결론적으로 "~~해요"는 존댓말이 아니다. 비즈니스나 공식적인 상하 관계, 고객과의 관계에서 '~요'체는 금물이다.

"알았어요"나 "괜찮아요"에서 '~요'를 떼어버리면 "알았어.", "괜찮아"처럼 완전한 반말이 된다. 완전한 반말에 '~요'만 붙여서 상대를 높여주고 있다는 생각은 착각이다. "알았습니다.", "괜찮습니다"처럼 표현해야 완전한 존대가 된다.

대답도 제대로 못 하면서

"대답도 제대로 못 하면서…"

"엄마, 하늘은 왜 파랗죠?"

다섯 살짜리 꼬마가 묻는다. 이 질문에 어떤 대답을 내놓느냐에 따라 엄마에 대한 평가는 달라질 것이다. 대답을 못 하고 우물쭈물한다면 엄마에 대한 믿음과 권위는 무너지고 만다. 그렇다고 물리학적 이론을 편다면 아이가 이해하지 못할 것이고, 대충 얼버무리면 아이가 고개를 갸우뚱할 것이다.

꼬마가 단순한 호기심으로 불쑥 물었더라도 엄마는 대답을 제대로 해야 한다. 호기심을 충족시켜줄 뿐만 아니라 한발 더 나아가 뭔가 하나라도 더 깨우칠 수 있도록 대답해야 한다. 나의 표현으로 하자면 '범문현답', 질문은 평범해도 대답은 지혜로워야 하는 것이다. 그래서 아이의 호기심을 더욱 자극하여 또 다른 질문이 이어지도록 해야 한다. 그것이 바로 '전략적 답변'이다.

*

세상의 이치는 똑같다. 가정에서의 질문이든 직장에서의 비즈니스 질문이든 간에 어떻게 대답하느냐에 따라 능력이 평가된다는 것은…. 그렇다고 대답법이란 것에 엄청난 원리나 기상천외한 이론이 동원되는 것은 아니다. 지금까지 직장 생활을 하면서 수많은 대답을 해왔지만 '그냥 생각나는 대로' '즉흥적으로' 하던 것을 좀 더 다듬어서 하자는 이야기다. 좀 더 의도적이고 계획적으로 말이다. 그래서 상대의 마음을 사고 당신의 능력을 돋보이게 하자는 것이다. '전략적 대답법'이란 이름으로.

*

대답법에 관한 나의 해답은 여기까지다. 지금까지 우리가 해왔던 수많은 대답들을 체계적으로 정리하고 이왕 해야 할 대답이라면 좀 더 돋보이게 하자는 주장에 다름 아니다.

그런데 이거 아시는가? 본문에서도 언급한 바 있지만 이 책을 접하고 난 이후에는 상사나 고객의 질문, 협상이나 문자 메시지의

대답도 제대로 못 하면서

질문이 예사롭지 않게 다가올 것이며, 불쑥 대답하거나 보고하기에 앞서 한 번 더 심사숙고하게 될 것이라는 점을 말이다.

'전략적 대답' '대답의 틀을 뛰어넘는 대답' '결전토정' '까문유답' 'A+α' 와 'A-β', 그리고 '대답 7거지악' 등이 머리에 떠오를 것이며, 어떻게 하여 질문자의 마음을 사고 자신의 능력이 돋보이는 대답을 할 것인지 애쓰게 될 것이다. 그 하나만으로도 이 책의 가치와 효용과 역할은 충분하다고 본다. 책 한 권으로 그 정도의 변화가 일어난다면 대단한 것 아닌가?

*

"대답도 제대로 못 하면서…."

사람을 평가하는 수많은 표현 중에 이런 말도 포함된다. 이건 '대답도 제대로 못 하는 사람이 뭘 하겠느냐'는 의심과 빈정거림의 표현이다. 직장에서 이런 말을 듣는 이가 있다면 그건 치명적이라 할 수 있다.

차제에, 당신은 어떻게 대답하고 있는지 돌아보자. 책 한 권 뚝딱 읽는 것으로 끝내지 말고 진일보된 당신 나름의 좋은 대답법을 구상하고 실행해보자. 그것이 당신의 직장 생활과 비즈니스를 진일보하게 할 것이다.

대답도 제대로 못 하면서

초판 1쇄 인쇄 2019년 11월 15일
초판 1쇄 발행 2019년 11월 20일

지은이 조관일
펴낸이 이수철
본부장 신승철
주 간 하지순
교 정 차은선
디자인 오세라
마케팅 안치환
관 리 전수연

펴낸곳 나무옆의자
출판등록 제396-2013-000037호
주소 (03970) 서울시 마포구 성미산로1길 67 다산빌딩 3층
전화 02) 790-6630 팩스 02) 718-5752

페이스북 www.facebook.com/namubench9
인쇄 제본 현문자현

© 조관일, 2019

ISBN 979-11-6157-081-5 03320

* 나무옆의자는 출판인쇄그룹 현문의 자회사입니다.
* 이 책의 전부 또는 일부 내용을 재사용하려면
  사전에 저작권자와 도서출판 나무옆의자의 동의를 받아야 합니다.
* 이 도서의 국립중앙도서관 출판예정도서목록(CIP)은 서지정보유통지원시스템
  홈페이지(http://seoji.nl.go.kr)와 국가자료공동목록시스템(http://www.nl.go.kr/kolisnet)에서
  이용하실 수 있습니다.(CIP제어번호 : CIP2019045659)